식물 상담

처음부터 잘하고 싶은
식물 집사들을 위한 안내서

# 식물 상담

강세종 지음

북하우스 엔

평생 식물을 사랑하신 내 인생 최초의 가드너

아버지를 그리며

## 프롤로그

안녕하세요. 성북동에 자리한 플라워가드닝숍 가드너스와이프의 가드너 강세종입니다. 평생 즐기며 할 수 있는 일을 찾다가 식물과 함께하는 일을 업으로 삼은 지 올해로 만 16년이 되었네요. 플로리스트인 아내와 2007년 서울 종로구 삼청동에 문을 연 게 가드너스와이프의 시작이었습니다. 2011년부터는 가드닝스쿨을 함께 운영해, 개강 이래 지금까지 천여 명이 넘는 수강생을 만나기도 했지요.

수강생들과 함께 가드닝을 공부하면서 가장 아쉬웠던 점은 우리나라에 가드닝을 체계적으로 안내하는 책이 부족하다는 것이었습니다. 공기 정화 같은 식물의 기능에 지나치게 초점을 맞추거나, 인테리어 소품처럼 유행하는 식물 위주로 소개를 하거나, 해외 책을 번역하는 데 그치거나, 이해하기 힘든 전문용어로 쓰인 것이 대부분이었습니다. 식물과 함께 사는 방법을 차근차근 상세히 설명해주는 책을 찾기가 쉽지 않았지요.

유행에 휩쓸리지 않으면서 식물을 잘 키울 수 있는 방법을 친절하게 안내하는 책을 쓰고 싶다는 꿈이 커졌습니다. 그 와중에 아내이자 동업자인 엄지영과 함께 『올 어바웃 플라워숍』(북하우스엔)이라는 책을 내기도 했지요. 그저 꽃과 식물을 좋아하던 저희 부부가 취미를 업으로 삼게 되기까지의 과정을 기록한 일종의 창업기였습니다. 운 좋게 많은 독자분을 만났고, 2018년에는 개정판도 나왔지요.

그러다 3년 전, 출판사로부터 본격적인 가드닝 책을 써보지 않겠느냐는 제안을 받았습니다. 막상 제안을 받고 보니 식물이라는 생명체에 대해 내가 알고 있는 게 과연 정답이라 할 수 있을까 덜컥 겁이 났습니다(정답은, 없을지도 모릅니다). 그래서 책을 쓰기 전에 저보다 앞서서 오랫동안 이 분야에 몸을 담아 온 전문가 선생님들을 만나 현장에서 쌓은 지식을 검증하고 확인하는 시간을 가지기도 했습니다.

돌이켜보면 취미에서 시작해 직업으로 삼기까지 전문 가드너가 되는 과정은 좌충우돌의 연속이었습니다. 덕분에 초보 가드너가 맞닥뜨리는 각종 문제들부터 좀 더 깊이 있는 지식과 정보를 원하는 분들의 바람까지 각자의 눈높이에서 이해하고 답해줄 수 있는 넓은 시야를 갖게 된 것인지도 모릅니다. 『식물 상담』에는 이처럼 개인적으로 식물과 함께한 지난 20년간의 경험을 오롯이 담았습니다.

이 책의 구성은 조금 유별납니다. 식물별 관리법을 소개하는 데 집중하는 다른 가드닝 책들과 달리, 이 책을 읽을 독자들은 식물이 자랄 환경을 먼저 점검하고, 식물별 특성에 따라 달라지는 관리법을 알아본 다음, 최종적으로 나에게 맞는 식물이 무엇인지 찾는 시간을 갖게 될 것입니다. 알면 알수록 가드닝은 답이 정해진 객관식을 풀 듯 접근할 수 없는 문제라는 것을 실감합니다. 식물별 관리법을 줄줄 암기하기보다 이 책의 안내를 따라 식물 자체를 이해하려는 노력을 먼저 기울여보세요. 그러다 보면 어느새 다양한 식물과 여러분 각자의 언어로 소통하는 날이 올 것이라 믿습니다. 식물과 함께하는 삶에 이 책이 부디 도움이 되었으면 하는 바람입니다.

**2021년 성북동에서**

🍃 차례

006　　　프롤로그

_____ **LESSON 1**　　　가드닝은 식물과 나누는 대화입니다

016　　　그 많던 화분들은 다 어디로 갔을까?
017　　　태어날 때부터 '그린 핑거'인 사람은 없다
023　　　식물을 이해한다는 것, 식물의 말을 듣는다는 것
026　　　**＊셀프 체크 리스트: 나를 알고, 식물을 알자**

_____ **LESSON 2**　　　가드닝 환경을 결정하는 주요 요소

030　　　**식물의 가장 중요한 생존 기반, 빛**
031　　　빛은 왜 중요할까?
032　　　얼마나 밝은 빛이 필요할까?
035　　　얼마나 오래 빛을 줘야 할까?

042　　　**광합성에 필수적인 요소, 물**
043　　　내 선인장은 왜 죽었을까?
046　　　물 주는 시기를 판단하는 방법
050　　　실패하지 않는 물 주기

| | |
|---|---|
| **054** | **원산지에 가까운 환경 만들기** |
| 055 | 적정 온도와 적정 습도를 얻기 위한 여정 |
| 057 | 가장 간과하는 환경 요소, 통풍 |
| 060 | * 지속 가능한 가드닝을 위한 팁: 나만의 식물 노트 만들기 |

## LESSON 3

### 식물이 하는 말을 들어주세요

| | |
|---|---|
| **064** | **식물의 잎이 하는 말** |
| 066 | 선인장을 어두운 곳에서 키워서는 안 되는 이유 |
| 069 | 식물이 털을 만드는 이유 |
| 072 | 무늬, 또 다른 적응의 결과 |
| 077 | 잎의 모양으로 특성을 파악하기 어려운 식물들 |
| **078** | **식물의 수형이 하는 말** |
| 079 | 내 허브는 왜 자꾸만 죽을까? |
| 082 | 허브 연쇄 살인범에서 벗어나기 |
| **086** | **식물의 원산지가 하는 말** |
| 087 | 원산지에 따라 다른 월동온도 |
| 090 | 건조지역 출신의 식물들 |
| **098** | **식물의 뿌리가 하는 말** |
| 099 | 착생식물, 결핍이 만든 강함 |
| **104** | **식물의 꽃이 하는 말** |
| 106 | 빛이 없으면 꽃도 없다 |
| 111 | 몬스테라의 꽃이 궁금한가요? |
| 116 | * 알아두면 좋은 식물 분류법: 계, 문, 강, 목, 과, 속, 종 |

## LESSON 4

### 이것만 알면 초보 가드너 탈출!

- 122 **실패하지 않는 흙 선택법**
- 124 실내 가드닝에 사용하는 인공혼합토의 모든 것
- 128 원예용상토에도 '황금비율'이 있을까?
- 131 같은 흙도 사용하기 나름

- 134 **실패하지 않는 분갈이**
- 135 분갈이 전 이것만은 꼭 확인하자
- 138 분갈이, 어렵지 않아요
- 146 어떤 화분이 좋은 화분일까?

- 150 **실패하지 않는 비료 사용법**
- 151 어떤 비료를 선택할까?
- 153 비료를 잘 주는 법
- 155 비료도 잘못 주면 독이 된다

- 156 **실패하지 않는 번식법**
- 157 번식, 식물 키우기의 즐거움
- 158 실내 식물의 꺾꽂이(삽목)
- 160 실내 넝쿨식물의 꺾꽂이
- 164 실내 초본식물의 잎꽂이
- 165 다육식물의 꺾꽂이와 잎꽂이
- 167 새 포기가 생기는 실내 식물의 번식법-포기나누기(분주)

- 168 **가드닝 고수가 되기 위한 마지막 관문, 병충해**
- 169 해충의 종류와 관리법
- 177 병해의 종류와 관리법

## LESSON 5
### 나에게 어울리는 식물 찾기

**186**      **그룹1: 하루 6시간 이상 충분한 빛+통풍 원활+적절한 물 주기 가능**

- 187    유칼립투스와 오세아니아 출신 나무들
- 192    올리브나무
- 194    아카시아나무
- 196    무늬벵갈고무나무

**198**      **그룹2: 하루 6시간 이상 충분한 빛+통풍 불량+적절한 물 주기 불가능**

- 199    다육성 유포르비아
- 202    선인장, 다육식물의 철화
- 204    괴근식물(Caudex)

**206**      **그룹3: 하루 3~6시간의 빛+통풍 원활+적절한 물 주기 가능**

- 207    베고니아
- 210    필로덴드론
- 214    싱고니움
- 216    안스리움

**218**      **그룹4: 하루 3~6시간의 빛+통풍 불량+적절한 물 주기 불가능**

- 219    립살리스류
- 222    호야
- 224    페페로미아

**226**      **그룹5: 부족한 빛 조건+관리 가능**

- 227    떡갈잎고무나무
- 228    몬스테라
- 230    스킨답서스

**232**      ✽ 좋은 식물 고르는 법

- 236    에필로그
- 241    감사의 글
- 243    찾아보기

*LESSON 1*

✶

## 가드닝은 식물과 나누는 대화입니다

⌄

*Gardening School*

✷ 식물 상담 ∨

저는 여러 집이 함께 관리하는 정원이 있고, 베란다에는 식물이 가득한 곳에서, 가드닝이 취미인 아버지의 아들로 자랐습니다. 역시 가드너는 성장한 환경부터 다르다고 생각하실지 모르지만, 저에겐 주말마다 허리가 아픈 아버지를 대신해 무거운 물통을 지고 여기저기 흩어져 있는 화분들에 물을 주느라 진땀을 뺀 기억뿐입니다. 그때까지만 해도 식물은 저를 귀찮게 하는 존재였지요.

## 그 많던 화분들은
## 다 어디로 갔을까?

식물 친화적인 환경에서 자랐지만 누구보다 식물에 시큰둥했던 제가 처음 가드닝에 관심을 갖게 된 것은 취직 후 독립하여 저만의 작은 공간을 갖게 되면서부터였습니다. 삭막한 집 안을 식물로 꾸미면 어떨까 하는 생각을 품게 된 것이었지요.

예나 지금이나 성질 급한 저는 당시 유행하던 공기를 정화시켜준다는 식물, 전자파를 막아준다는 식물, 음이온이 나온다는 식물 정보를 찾아 경기도 고양시에 위치한 화훼단지에 가서 한 차 가득 식물들을 사왔습니다. 지금 생각하면 정말 촌스러운 총천연색 화분에 관엽식물, 다육식물, 선인장, 그리고 허브까지, 어디선가 한 번쯤 이름을 들어봤던 식물을 모조리 싣고 왔지요. 쉽게 예상할 수 있다시피 그 식물들은 안타깝게도 한두 달도 안 되어 대부분 생을 마감했습니다.

그러고 나니 오히려 오기가 생기더군요. 서점에 가서 관련 책을 뒤적이다 그것도 성에 차지 않아 원예를 가르치는 학원을 알아보기 시작했습니다. 1990년대는 '가드닝스쿨'이라는 개념이 생기기도 전이었지요. 지역마다 알려진 분재학원이 몇 곳, 그리고 백화점 문화센터에서 이루어지는 단발성의 식물 심기 수업 정도만 존재하던 시기였습니다. 어린 시절 분재가위를 들고 나무 수형을 잡으시던 아버지가 떠올라 6개월 수강료를 내고 분재학원에 덜컥 등록했지요.

그 당시에도 분재는 나이 지긋한 분들의 취미였습니다. 삼십 대인 제가 학원에서는 막내뻘이었으니까요. 어르신들의 귀여움을 받으며 1년 동안 분재심기, 수형잡기, 철사감기 등을 공부했고, 죽은 식물들을 처치하지 못해 마치 폭탄이라도 맞은 것처럼 황폐하던 집이 어느새 다종다양한 수형의 야생화와 분재 소품으로 가득 찼습니다. 과거에 뭣도 모르고 식물을 사모았을 때보다 더 전문적이 된 듯한 제 모습에 우쭐하는 마음도 생겼지요. 하지만 분재학원을 그만두고 나서 반년도 지나지 않아 그 싱싱하던 식물들도 70퍼센트 가까이 절멸하고 말았습니다.

## 태어날 때부터
## '그린 핑거'인 사람은 없다

두 번의 처참한 실패를 겪고, 나는 식물을 키워서는 안 되는 사람이 아닐까 하는 생각에 사로잡혔습니다. 어린 시절 마치 공기처럼 당연했던 녹색 식물의 싱그러움이 아버지의 각별한 보살핌이 없었다면 불가능했다는 것을 깨달은 것도 그때였습니다. 다행인 건, 당시 이런 실패를 반복하면서 '식물'이라는 존재에 대한 호기심이 생겨났다는 것입니다.

데이비드 애튼버러 경이 쓴 『식물의 사생활』이라는 책을 만난 것도 그즈음입니다. 『식물의 사생활』은 1995년에 BBC가 제작한 동명(《The private life of plants》)의 6부작짜리 식물 다큐멘터리를 책으로 엮은 것입니다. 아열대지역 및 건조지역의 식물 생애를 폭넓고 체계적으로, 무엇보다 흥미롭게 담고 있는 이 책 덕분에 식물을 키우는 '사람'만큼이나 식물이 자라는 '환경' 또한 중요하다는 것을 깨닫게 되었지요. 책은 원산지와 전혀 다른 환경의 실내 공간에서 많은 사랑을 받고 있는 식물들이 원산지에서는 실제로 어떻게 자라는지, 그 탄생에서부터 적응, 번식, 소멸에 이르는 식물의 전 생애를 다루고 있었습니다.

데이비드 애튼버러의 『식물의 사생활』은 표지가 다 해질 정도로 지금까지도 가까이 두고 들춰 보는 책이다.

## 문제의 원인 ① - 식물이 자라는 환경

『식물의 사생활』 덕분에 기능과 관상 같은 목적이 아니라 살아 있는 생명 그 자체로 식물을 바라볼 수 있는 눈을 조금이라도 뜰 수 있었습니다. 그리고 저와 함께한 식물들이 성장하며 부딪혔을 문제들을 차분하게, 객관적으로 돌아볼 수 있었지요.

처음 눈에 들어온 것은 식물이 사는 공간, 저의 작은 아파트였습니다. 제가 살던 곳의 공간적, 환경적 특성은 대략 이러했습니다.

· **정서향의 베란다**: 오후에 작열하는 태양, 분리형 베란다로 한겨울에는 기온이 영하로 하락
· **빛이 들어오지 않는 거실**: 뜨거운 햇빛 때문에 오후에는 블라인드를 쳐야 하는 곳
· **통풍 불가**: 먹자골목에서 풍기는 음식 냄새로 창문을 열어둘 수가 없는 곳

실내 공간이라도 적절한 환경이 갖춰지면 식물들은 건강하게 자란다.

밤낮으로 냉탕과 온탕을 오가는 베란다에서는 새집증후군을 없앤다는 말만 믿고 잔뜩 들여놓은 관엽식물들이 뜨거운 햇빛에 타거나 동해를 입었고, 어두컴컴한 거실에 둔 식물들은 웃자람의 극치를 보이며 망가져갔습니다. 분재학원에서 가져온 꽃과 식물은 충분한 햇빛과 통풍이 필수적이었지만 바람이 통하지 않는 꽉 막힌 베란다에서 시름시름 앓다가 벌레가 들끓으면서 무관심 속에 방치되다 결국 최후를 맞이하는 식이었지요.

식물이 잘 자라는 데 필요한 건 환경이 70퍼센트, 그리고 사람의 관심과 노력이 30퍼센트라는 말이 있습니다. 그만큼 식물에 우호적인 환경이 중요하다는 것이지요. 그렇다면 애초에 위와 같은 환경에서는 식물을 키우지 말아야 했을까요? 그렇기도 하고, 아니기도 합니다. 무엇보다 최근 들

식물생장등을 비롯한 다양한 도구 덕분에 실내 가드닝에서 환경의 제약이 점차 사라지고 있다.

어 실내 공간의 열악한 조건을 보완할 도구와 방법 들이 늘어나면서 가드닝에서 환경적 제약이 차지하는 비중이 점차 줄어들고 있습니다.

온·습도계와 서큘레이터(선풍기)는 기본이고, 급속도로 대중화되고 있는 식물생장등, 간이조도계 같은 도구의 도움을 받으면 실내 공간 어디에서든 (심지어 지하실에서도) 가드닝이 가능합니다. 물 주기도 센서가 달린 제품이나 자동관수기의 도움을 받으면 오랜 시간 집이나 사무실을 비워도 걱정할 필요가 없지요. 그리고 이 든든한 지원군들은 전 세계적인 가드닝 열풍 덕분에 크게 부담스럽지 않은 가격에 장만할 수 있게 되었습니다. 가드닝 붐으로 이제 성공적인 가드닝에 중요한 것은 환경 그 자체가 아니라 주어진 환경을 충분히 이해하고 보완하려는 의지가 아닐까 하는 생각을 해봅니다.

### 문제의 원인 ② - 식물을 키우는 사람

가드닝에 관심이 있는 분이라면 '식물 금손'이나 '그린 핑거'라는 말을 한 번쯤 들어본 적이 있을 거예요. 거실이며 베란다를 식물원처럼 가꾸고, 죽어가는 식물도 마법처럼 살려내는 능력을 가진 사람들을 일컫는 별명 같은 것이지요. 글쎄요. 그런 마법 같은 감각과 능력을 가진 분들도 물론 있겠지만 가드닝 초보자들에게는 어느 정도 갖춰진 환경과 후천적인 노력, 그리고 식물과 함께하는 시간이 더 중요하다고 생각합니다.

집에 마구잡이로 식물을 들여놓던 직장 생활 초년 시절, 아침 일찍 출근해서 저녁 늦게까지 일하는 하루하루가 계속되었습니다. 주말 초과 근무도 비일비재했고요. 그 시간 동안 나의 반려 식물들은 집에서 홀로 힘든 시간을 겪을 수밖에 없었습니다. 베란다에 있는 식물들은 뜨거운 햇빛 혹은 추위를 온몸으로 맞거나 타는 목마름에 괴로워했고, 거실에 있는 식물들은 광합성에 필요한 최소한의 빛도 받지 못한 채 가지고 있는 양분을 쥐어짜며 최후를 맞이했지요. 이처럼 식물과 함께 충분한 시간을 갖지 못한다면 세상에 그 어떤 '그린 핑거'도 존재할 수 없을 겁니다.

한편 두세 차례 이직을 통해 상품기획MD로서 경험을 쌓아가던 시절, 운명이었을까요? 회사에서 실내 식물을 이용한 조경 사업을 검토하는 프로젝트에 투입되었습니다. 사실 이 프로젝트는 원예산업에 대한 이해가 부족한 중견기업에서 곁가지로 검토해본 신규 사업에 불과했지만, 그 덕분에 저는 원예 강국 일본을 수시로 드나들며 수준 높은 가드닝 문화를 체험하는 소중한 기회를 가질 수 있었습니다.

당시 일본의 가든센터나 가드닝숍을 방문했을 때 가장 인상적이었던 것은, 어느 정도 규모가 있는 곳이면 어디든 손님에게 고객별 맞춤 상담을 제공한다는 것이었습니다. 특히 한 업체는 아예 전문 컨설턴트를 따로 두고 있었습니다. 병원에서 진료 전 문진하듯 상담 전에 양식을 작성하도록 했는데, 문진표의 맨 첫 줄에는 식물이 자리할 환경의 특성과 식물 키우는 사람의 성향을 묻는 질문이 있었지요. 그리고 그 체크리스트를 기반으로 추천 식물과 관리법까지 함께 제공받을 수 있었습니다. 식물이라고 하면 공기 정화, 전자파, 음이온이 다였던 당시 우리 환경에 비해 일본에서는 식물이 자라는 환경과 식물을 키우는 사람을 함께 생각하는 가드닝 문화가 생활화되어 있었습니다.

식물 상담

## 식물을 이해한다는 것,
## 식물의 말을 듣는다는 것

어쩌면 제가 식물과 함께하는 삶을 살게 된 것은 이처럼 우연치 않게 찾아온 배움의 기회를 놓치지 않았기 때문일지도 모르겠습니다. 그리고 그렇게 식물과 조금씩 거리를 좁히고, 그들을 이해하면서 스스로 깨닫게 된 것이 한 가지 있습니다. 가드닝에서는 식물과 식물이 사는 환경에 대한 이해가 무엇보다 우선시되어야 한다는 것 말이지요.

말도 못하는 식물을 어떻게 이해하느냐고요? 그건 사람을 대하는 방식과 크게 다르지 않습니다. 나이가 들수록 좋은 관계를 맺는 사람은 나 자신을 먼저 돌아보고 상대를 이해하는 품을 가진 사람이라는 생각이 듭니다. 식물도 마찬가지입니다. 먼저 그 식물을 키울 나라는 사람, 내게 주어진 환경 조건을 돌아보고, 식물에게 말을 건네야 합니다. 식물의 언어로요.

가드너스와이프를 운영하며 수많은 고객들을 만났습니다. 준전문가 수준의 손님도 있었지만, 바쁜 일상 속에서 혹은 식물을 키울 수 있는 환경이 되지 못해 본인의 의지와 달리 시들어가는 식물을 지켜보며 좌절을 느끼는 분들도 많았습니다. 계속되는 실패에 이번이 마지막이라는 절실한 마음으로 가드닝스쿨을 등록하는 분들도 있었고요. 그런 분들에게 이런 말씀을 꼭 드리고 싶었습니다.

> **"가드닝은 감각이 아니라 과학입니다.**
> **식물은 아는 만큼 자랍니다."**

한두 번의 실패로 "나는 식물을 키울 수 없는 사람이야"라고 단정하기 전에 먼저 내가 식물에 대해 알고 있는 게 무엇인지 질문해보세요. 이 책은 바로 그런 질문을 스스로에게 던지고 답할 수 있도록 쓰였습니다. 실전 가드닝을 중심으로 구성된 다른 책들과는 달리, 식물이 자라는 환경을 파악하는 방법, 환경의 제약을 보완할 수 있는 방법을 먼저 소개하는 것도 그런 이유 때문입니다. 그다음 식물별 특성을 충분히 알아본 뒤에 내 환경에 적합한 식물을 고르는 방법과 실제 가드닝에 요구되는 필수적인 상식들을 함께 배워나갈 예정이에요.

식물과 함께하는 삶에서 필요한 건 지속적인 공부입니다. 그리고 거기에 경험이 더해지면 강력한 힘이 되지요. 차근차근, 저와 함께 '노력형' 그린 핑거의 길로 들어서지 않으시겠어요?

셀프 체크 리스트:
## 나를 알고, 식물을 알자

⌄

본격적인 수업을 시작하기에 앞서 아래 질문들에 답을 해봅시다. 여러분이 자신 있게 'YES'라고 답할 수 있는 항목은 몇 개인가요?

### 식물이 자라날 환경을 점검해봅시다

· 햇빛이 어느 방향에서, 몇 시간 정도
  들어오는지 알고 있다. ················································ YES ○ NO ○
· 햇빛 방향에 따라 빛의 양과 질이
  달라진다는 것을 알고 있다. ········································ YES ○ NO ○
· 조도의 개념을 알고 있다. ············································ YES ○ NO ○
· 휴대폰으로 조도를 측정해본 적이 있다. ···················· YES ○ NO ○
· 온도와 습도를 알고 있다.
  (혹은 저장 기능이 있는 온·습도계를 갖고 있다.) ········· YES ○ NO ○
· 물을 줄 때 화분 배수구로
  물이 나올 만큼 듬뿍 주고 있다. ·································· YES ○ NO ○
· 식물 잎에 주기적으로 분무를 하고 있다. ···················· YES ○ NO ○
· 식물은 원활한 증산작용을 위해
  통풍이 필요하다는 것을 알고 있다. ···························· YES ○ NO ○

· 통풍을 위해 서큘레이터나 선풍기의
  간접풍을 이용하고 있다. ·················································· YES ○ NO ○

### 식물에 대한 지식을 점검해봅시다

· 키우는 식물의 이름, 원산지와 특성을 알고 있다. ············· YES ○ NO ○
· 식물은 대부분 뿌리로 물을 흡수하므로,
  분무하는 방식으로는 식물에 필요한 물을
  공급할 수 없다는 걸 알고 있다. ········································· YES ○ NO ○
· 잎이 넓은 녹색 식물들이 실내에서
  비교적 잘 적응한다는 사실을 알고 있다. ························· YES ○ NO ○
· 향기가 좋은 허브류를 실내에서 키우려면 엄청난
  햇빛과 통풍이 필요하다는 것을 알고 있다. ····················· YES ○ NO ○
· 키우는 식물의 월동온도를 알고 있다. ····························· YES ○ NO ○
· 빛이 부족할 경우 식물의 잎과 잎 사이 마디가
  길어진다는 것을 알고 있다. ·············································· YES ○ NO ○
· 진딧물, 깍지벌레, 응애 등 실내 식물에 생기는
  해충을 제거하려면 각기 다른 약을 써야 한다는
  것을 알고 있다. ································································· YES ○ NO ○

몇 개 항목에 'YES'라고 답했는지는 중요하지 않습니다. 본격적인 수업에 들어가기 전에 여러분이 가지고 있는 경험과 지식을 확인하기 위한 것이니 앞으로 이어질 수업의 참고 자료로 활용해주세요.

*LESSON 2*

✷

가드닝 환경을 결정하는
주요 요소

⌄

*Gardening School*

## 식물의 가장 중요한 생존 기반, 빛

식물 상담

## 빛은 왜 중요할까?

식물은 '광합성'이라는 신묘한 능력으로 이산화탄소와 물을 흡수해 양분을 만들고, 사람을 포함한 동물의 생존에 필수적인 산소를 제공합니다. 그리고 그 과정에서 이산화탄소뿐 아니라 포름알데히드, 벤젠, 톨루엔 같은 휘발성 독성 물질도 흡수해서 실내 공기질을 어느 정도 개선하기도 하지요. 이런 광합성은 빛을 에너지원 삼아 이루어지므로 빛은 식물의 성장에 가장 기본이 되는, 첫 번째 필수 요소인 셈입니다.

공기 정화를 위해서든, 마음의 평화를 위해서든 식물을 구매한 사람은 기쁜 마음으로 본인이 좋아하는 화분에 식물을 옮겨 심고 물을 준 뒤, 거실에 놓고 감상합니다. 반면, 그 식물의 입장은 어떨까요? 충분한 햇빛, 바람, 그리고 전문적인 관리가 존재하던 공간에서 새로운 공간으로 이사를 온 순간부터 식물은 생존을 위한 치열한 전투를 벌이기 시작합니다.

먼저 천장이 막힌 아파트 거실에는 식물의 생존에 필수적인 빛이 충분히 제공되지 않습니다. 빛이 부족한 거실이나 방 안에 식물을 둔다면 식물은 광합성을 하지 못해 양분을 만들지 못하고 우리가 원했던 공기 정화 역시 거의 일어나지 않습니다. 식물이 건강하게 자라고 덤으로 공기 정화까지 하려면 실내 공간의 상당 부분이 식물로 채워져야 합니다. 그리고 그 식물이 광합성에 필요한 빛을 제공받아야 하죠. 천장이 낮고 햇빛이 주로 한쪽으로만 들어오는 실내 공간에서는 어찌 보면 이루기 힘든 꿈처럼 보입니다.

**TIP** **스마트폰 나침반 앱을 이용해 햇빛 방향을 확인하는 법**

실내 공간의 '햇빛 방향'은 식물의 건강 상태에 큰 영향을 미친다. 오전, 오후에 상관없이 해가 들어오는 남향 집은 식물을 키우는 데 이상적인 공간이며, 남동향, 남서향도 남향만큼은 아니지만 식물들이 잘 자란다. 반면 북향은 직접적으로 빛이 들어오지 않아 식물이 자라기 어려운데, 중요한 것은 아무리 남향 집이라고 해도 햇빛이 들어오는 창문에서 2~3미터만 안쪽으로 들어오면 북향과 별 다르지 않다는 것이다. 실내 공간의 햇빛 방향을 확인하는 법은 어렵지 않다. 대부분의 스마트폰에 내장되어 있는 나침반 앱을 사용해보자.

스마트폰의 나침반 앱을 이용해 햇빛 방향을 알아보자.

## 얼마나 밝은 빛이 필요할까?

식물을 고를 때 '양지 / 반양지 / 반음지 / 음지'라고 표시되어 있는 문구를 종종 발견하셨을 거예요. 그런데 내가 식물을 키우는 곳이 반양지인지 아니면 반음지인지 어떻게 판단할까요? 이럴 때는 공간의 밝기를 측정하는 조도계를 이용해봅시다.

'조도'는 빛의 밝기를 말하며, 조도의 단위는 럭스(LUX, 단위 면적당 빛의 양)로 표현됩니다. 식물은 환경에 적응하는 존재이기 때문에 "이 식물이 잘 자라려면 몇 럭스의 빛이 주어져야 한다"라는 식의 정답은 없습니다만, 어느 정도 참고할 수 있는 데이터는 있습니다. 예를 들어 실내에서 관엽식물이 성장하려면 최저 5백~8백 럭스에서 최대 1만~1만 5천 럭스 전후의 빛이 필요합니다.

럭스는 조도계로 측정할 수 있습니다. 과거와 달리 이제는 스마트폰 앱으로도 조도 측정이 가능하며 간단한 기능의 조도계는 1~2만원이면 구입할 수 있지요. 둘 다 정확도가 다소 떨어져 실제와 오차가 있지만 식물을 키울 때 사용하기에는 부족함이 없습니다. 실내 공간의 어느 부분이 반양지이고 반음지인지 조도계를 이용해서 구분하고, 해당 조도에서 잘 자라는 식물을 배치하면 최소한 식물 킬러에서는 벗어날 수 있을 거예요.

스마트폰 앱으로 제공되는 조도계. 렌즈에 필름이 붙어 있을 경우 조도가 실제보다 낮게 표시될 수 있고, 가끔 유료 결제로 넘어가는 앱이 있으니 주의가 필요하다.

### 양지/반양지/반음지/음지의 조도는 어느 정도일까?

아래의 조도는 실내 공간을 기준으로 나눈 것이다.

- **절대 양지**: 3만~10만 럭스* - 일반적인 아파트 베란다 환경에서는 쉽게 만나기 힘든 조도로, 선인장, 다육식물, 실외용 꽃보기 식물을 키우기에 적합하다. 6만~8만 럭스 이상이 되면 상당수의 실내 식물들은 화상을 입거나 광포화점**에 도달한다.
- **양지**: 1만~3만 럭스 - 화려한 무늬의 관엽식물, 서양란, 실내용 꽃식물, 일부 다육식물
- **반양지**: 5천~1만 럭스 - 무늬 있는 관엽식물
- **반음지**: 2천~5천 럭스 - 무늬 없는 일반적인 관엽식물
- **음지**: 3백~2천 럭스 - 내음성이 강한 관엽식물
- **절대 음지**: 3백 럭스 미만 - 식물을 키울 수 없음

* 실외의 경우 맑은 날 10만 럭스를 거뜬히 넘어간다.
** 광포화점: 빛이 늘어도 더 이상 광합성량이 늘지 않는 상태

식물에게 빛은 너무 많아도, 너무 없어도 문제다. 예를 들어 '절대 양지' 구간에서는 관엽식물의 경우 잎이 타는 현상이 일어날 수 있고, '절대 음지' 구간에서는 광합성을 하지 못해 식물의 상태가 나빠질 수 있으므로 주의해야 한다.

선인장이나 다육식물은 최저 3만~4만 럭스가 나오는 환경이 필요한데, 보통 베란다의 창가 부근 혹은 식물생장등 바로 아래가 이에 해당된다.

**주의** 자연광이 아닌 식물생장등의 밝기는 스펙트럼 구성에 따라 럭스 측정기로는 정확한 측정이 어렵다. PPFD(광합성 광량자의 양)를 확인하는 게 가장 좋은데, 럭스와 달리 이를 직접 측정하기는 힘들기 때문에 식물생장등 구매 시 제품 정보를 꼼꼼히 확인하도록 하자.(41쪽 참조)

## 얼마나 오래 빛을 줘야 할까?

식물은 보통 오전에 해가 뜨고 오후 늦게 해가 질 때까지 각기 다른 강도의 빛에 적응하며 살아갑니다. 실내에 들여놓은 식물에도 하루 중 대략 10~12시간 정도의 빛을 주는 게 가장 이상적이지요.

하지만 낮은 천장에 한쪽 창문으로만 빛이 들어오는 실내 공간에서는 정남향을 제외하고는 자연광만으로 식물 성장에 필요한 충분한 일조 시간을 보장하기가 어렵습니다. 빛이 부족한 환경에서 식물들은 첫째,

햇빛을 무척 좋아하는 유포르비아속 식물을 음지(좌)와 양지(우)에서 키워 비교해 보았다. 햇빛이 부족한 음지에서 자란 식물이 더 많은 빛을 받기 위해 잎이 비정상적으로 커지고 줄기가 약해진 것을 볼 수 있다.

마디와 마디 사이가 길어지는 웃자람이 일어나고, 둘째, 잎 색이 연해지고 잎이 커지며(예외도 있음), 셋째, 꽃이 피지 않고, 결국 식물이 약해지고 병충해가 심해지면서 상태가 나빠집니다.

그러면 실내 환경에서 식물의 생존에 필수적인 빛을 충분히 줄 수 있는 방법은 없는 걸까요?

> **TIP 식물을 키우고 싶다면 창문 청소부터!**
>
> 가슴에 손을 얹고 우리 집 베란다 창문을 청소한 적이 있었는지 스스로 돌이켜보자. 만일 베란다에서 식물을 많이 키울 예정이라면 베란다 창문 청소는 필수다. 손이 닿지 않는 부분까지 닦는 게 힘들다면 유리창 청소 도구를 구입하든지, 아니면 비용이 조금 들더라도 주기적으로 청소업체를 불러 깨끗이 유지하자.

### 유레카! 식물생장등의 대중화

실내 공간에 인테리어 포인트로 식물을 배치하는, 이른바 '플랜테리어'가 소셜미디어의 힘을 얻어 이제는 트렌드로 자리 잡았습니다. 남들이 갖지 않은 희귀한 식물을 멋진 화분에 심어서 사진으로 찍어 공유하는 문화 덕택에 실내 가드닝에도 새로운 전기가 열렸지요. 그런 사진을 보며 한 번쯤 어떻게 실내 공간의 부족한 빛으로 저런 식물들을 키울 수 있는지 궁금해하는 분들도 있었을 텐데요. 과거와 크게 달라진 게 있습니다. 바로 식물생장등의 출현이지요.

'반하'라는 식물을 동시에 파종하여 식물생장등 없이 키운 경우(좌)와, 생장등 아래 키운 경우(우)를 비교해보았다. 생장등을 사용하니 웃자람 없이 건강하게 자라는 것을 확인할 수 있다.

가드닝스쿨을 처음 시작한 10여 년 전, 식물생장등이 대중화되기 전에는 빛이 부족한 환경에서 식물을 키우는 분들을 만나면 대안을 제시하기가 쉽지 않았습니다. 햇빛 있는 곳으로 식물을 들고 다닐 수도 없는 노릇이니까요. 그런데 연구용이나 산업용으로 사용하던 고가의 식물생장등이 2015년 이후 전 세계적인 가드닝 붐과 함께 대량생산되면서 엄청난 변화가 일어납니다. 비교적 합리적인 가격으로 식물생장등을 구입할 수 있게 된 것이지요.

가드너스와이프의 식물 쇼케이스. 북향이라 빛이 거의 들지 않지만 식물생장등을 이용해서 다양한 실내 식물들을 건강하게 키우고 있다.

퇴근길에 아파트 단지를 지나다 보면 보라색으로 불이 켜진 집을 어렵지 않게 발견할 수 있습니다. 바로 식물 집사들의 집이지요. 조명이 보라색인 이유는 성장에 도움을 주는 청색 스펙트럼과 광합성을 촉진하는 적색 스펙트럼을 조합해서 만들었기 때문입니다. 특유의 색상 때문에 주위에서 오해를 사는 경우가 많고, 시각적으로 너무 튀어 부담스럽기도 한 게 사실이었습니다.

최근에는 더 넓은 파장을 커버하는 풀 스펙트럼 제품이 출시되고 있습니다. 주로 보라색을 띠는 기존 제품과 기능이 거의 동일하거나 더 우수하지요. 그러면서도 외관상 일반 조명과 거의 구분이 되지 않는 미색이나 흰색을 띤다는 장점이 있습니다.

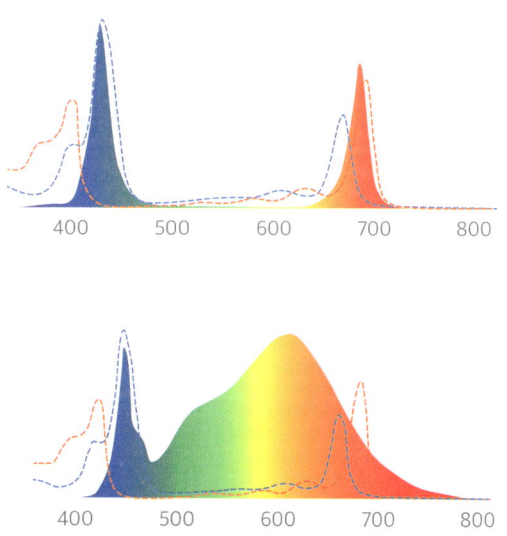

S사의 일반 스펙트럼 제품(위)과 풀 스펙트럼 제품(아래)의 LED 파장 비교. 일반 스펙트럼 제품에 비해 풀 스펙트럼 제품은 청색, 녹색, 적색 파장대를 모두 커버한다.

### 어떤 식물생장등을 고를까?

가정에서 가장 쉽게 사용할 수 있는 것으로 전구형 LED 식물생장등이 있습니다. 수명이 길어서 오래 사용할 수 있고 기존에 갖고 있는 스탠드를 활용할 수 있는 장점이 있지요. 대신 일반 전구에 비해 전구의 길이나 크기가 더 큰 경우가 많아 무게를 지탱할 수 있는 튼튼한 스탠드를 사용하는 게 좋습니다.

전구 타입 식물생장등

작은 식물 위주로 키우거나 유묘부터 키우는 걸 좋아하는 분들이라면 선반을 활용한 식물생장등을 고려해보세요. 이 경우는 바 타입의 제품을 이용해도 좋습니다. 특히 자석식으로 나온 LED 바 타입의 제품은 철제 가구에 어렵지 않게 부착할 수 있어 제작이 간편합니다.

LED 바 타입의 풀 스펙트럼 식물생장등의 설치 예(사진 제공: 플랜터스)

### 식물생장등과 식물의 적절한 거리

식물과 식물생장등 사이의 거리가 멀어지면 조도가 낮아져 광합성 효율이 떨어집니다. 반면 너무 가까우면 마치 햇빛에 타는 것과 유사한 잎데임 현상이 일어납니다. 제품마다 권장하는 거리가 다르므로 제조사에 문의해서 소중한 식물들이 화상을 입지 않도록, 그리고 광합성을 잘 할 수 있도록 적절한 거리를 유지해주세요.

필로덴드론 소디로이에 일어난 잎데임 현상. 사람과 마찬가지로 한 번 화상을 입은 식물의 조직은 회복되지 않는다.

(TIP) **식물생장등 잘 고르는 법!: PPFD 확인하기**

Photosynthetic Photon Flux Density의 약자인 PPFD는 광합성을 할 수 있는 광량자의 양을 나타내는 수치로 같은 조건이면 PPFD의 수치가 더 높은 식물생장등을 선택하는 게 좋다. 참고로 LED와 식물의 거리가 가까울수록 PPFD가 더 높아진다.

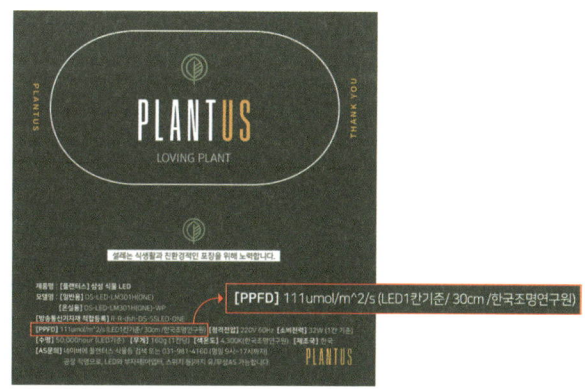

식물생장등을 살 때 제품 겉면에 표기된 PPFD 수치를 꼭 확인하자.(사진 제공: 플랜터스)

## 광합성에 필수적인 요소, 물

✴︎
식
물
상
담
⌄

## 내 선인장은 왜 죽었을까?

가드닝스쿨에서 물 주기 수업을 할 때 종종 "선인장"이라는 노래를 틀면서 시작합니다. 에피톤프로젝트라는 가수가 부른 참 좋은 노래인데, 가사에 이런 구절이 나오지요. "물은 한 달에 한 번, 부족한 듯 주고……" 이 노래 가사 때문인지 몰라도, 많은 분들이 선인장은 마치 물을 한 달에 한 번 조금씩 주면 되는 것으로 알고 있습니다. 비가 오지 않는 햇빛 쨍쨍한 사막에서 온 선인장을 책상 위에 두고, 한 달에 한 번 물까지 주다 보니 세상의 많은 선인장이 과습의 피해를 보곤 합니다.

### 같은 식물이라도 물 주는 주기가 다르다

일주일에 한 번, 혹은 한 달에 한 번의 정기적인 물 주기가 식물에게 해가 되는 이유는 환경에 따라 식물이 물을 소비하는 속도가 다르기 때문입니다. 식물은 증산 활동을 합니다. 식물의 뿌리에서 흡수한 물을 잎으로 내뿜는 증산 활동은 햇빛, 바람, 온도에 비례해서 빨라집니다. 즉, 같은 식물을 집안의 각기 다른 환경에 두었을 경우, 상대적으로 빛이 부족하고 통풍이 되지 않고 서늘한 곳에서는 화분에 준 물이 더디게 마릅니다. 그리고 따뜻한 봄과 여름에는 온도가 떨어지는 가을, 겨울보다 증산과 증발이 빨리 일어나지요. 여기에 더해 물이 잘 빠지지 않는 잘못된 흙을 선택해 분갈이를 했다거나 화분 아래 배수층, 화분의 형태나 재질이라는 변수에 따라서도 물 주는 주기는 천차만별로 달라집니다.

### 초보 집사 탈출의 첫 관문, 과습과 물 부족 구분하기

초보 집사들은 종종 가장 기본적인 물 주기 단계에서부터 좌절을 경험하는데, 이는 주로 과습 상태의 식물과 물이 부족한 상태의 식물을 구분하지 못해 발생합니다. 과습 피해를 입은 식물이 겉보기에는 마치 물이 부족한 것처럼 보이기 때문에 식물에 물을 계속 줘서 상태를 악화시키는 경우가 많습니다.

과습 피해를 입은 식물(좌)과 물이 부족해서 마른 식물(우). 과습으로 인해 뿌리가 상한 식물은 물이 위로 올라가지 못해 주로 새순부터 망가지는 반면, 물이 부족한 식물은 아래쪽 잎부터 망가지기 시작한다.

특히, 여름이 건조한 지중해 지역 출신이나 호주를 포함한 오세아니아 건조 지역 출신 식물들, 그리고 다육식물, 선인장 등이 과습에 민감한 편입니다. 이들은 햇빛이 약해지고 습도가 높아지는 우리나라 장마철을 특히 더 힘들어하는데, 이때 봄과 같은 주기로 물을 주게 되면 과습 피해가 발생하기 쉽습니다. 식물을 키울 때 원산지별로 그룹을 지어서 관리하는 것도 과습을 예방하는 방법 중 하나입니다. 예를 들어 주로 아프리카에서 온 다육식물 가운데는 1년 중 여름이나 겨울 한 계절 동안 휴면하는 식물이 많아 휴면기에 물을 주면 피해를 입기 쉬우니 특별한 주의를 요합니다.

여름에 휴면을 하는 구갑룡. 휴면기가 오기 전(1)과 휴면기의 모습(2)을 비교해보았다. 휴면기에 잎이 마르는 것을 보고 물 부족이라 생각해 물을 줘서는 안 된다. 여름이 지나고 선선한 가을이 되면 어느새 새순을 올린다(3).

# 물 주는 시기를
# 판단하는 방법

빛을 측정하는 조도계처럼 흙 속의 수분량을 측정하는 도구들이 있습니다. 저 역시 그런 도구들을 사용해본 적이 있는데 수많은 화분에 매번 물을 줄 때마다 도구를 꽂아 확인하는 것이 번거롭고 일부 제품은 수명에 제한이 있어 비용도 부담이 되었습니다. 그래서 물 주기는 도구의 힘을 빌리는 것을 최소화하고 경험을 통해 자연스럽게 그 주기를 터득하는 것을 권합니다.

### 나무 막대를 이용하는 방법

집에 화분이 많고 그 화분이 집안 곳곳에 산재해 있어 물 주는 시기를 판단하는 게 어려울 경우, 가장 손쉬운 방법은 나무로 된 어묵꽂이용 막대를 이용하는 것입니다.

물을 주고 며칠 후 나무 막대를 화분 가장자리에서 1~2센티미터 안쪽으로 깊이 꽂습니다. 그리고 10초간 기다렸다 막대를 뺐을 때 막대에 흙과 물이 묻어 있는 정도를 보고 물 주는 시기를 판단합니다.

화분 벽에서 1~2센티미터 정도 안쪽을 깊게, 끝까지, 빠른 속도로 찌르고 10초를 기다린다.

막대를 뺐을 때 흙이 전체적으로 묻어 있으면 화분에 물이 있다는 의미이고, 막대 끝부분 1~2센티미터 정도만 흙이 묻어서 나오면 물 주기 적당한 시기이다.

물의 증발 속도는 계절의 변화에 가장 민감하게 반응하므로 나무 막대를 이용해 물 주는 시기를 판단하는 방법은 계절마다 반복해서 주기를 정하는 게 좋습니다. 다만, 모래흙 위주로 심는 다육식물, 선인장은 물 주는 시기를 나무 막대로 판단할 수 없으니 잎, 줄기의 쪼글거림을 보고 물 주는 시기를 정하는 게 더 좋습니다.(49쪽 사진 참조)

### 화분의 무게로 판단하는 방법

화분을 들어봐서 물 주는 시기를 가늠하는 것도 좋은 방법입니다. 큰 화분은 들기 어려우니 손으로 부담없이 들 수 있는 사이즈의 화분부터 수시로 들어봅니다. 잘 모르겠다면 주방저울을 이용하는 것도 괜찮은 방법입니다.

흙이 물을 충분히 먹었을 때의 무게와 완전히 말랐을 때의 무게를 기록하고 저울의 무게가 말랐을 때에 근접하면 물을 준다. 몇 번 해보고 익숙해지면 손으로 화분을 드는 것만으로도 물 주는 시기를 판단할 수 있다.

식물 초보일수록 너무 무거운 화분보다 가벼운 화분을 추천하는 것도 이 이유에서입니다. 내가 기르는 식물의 특성을 충분히 파악하기 전까지는 화분을 자주 들어보면서 물 주는 주기를 확인하는 게 도움이 되기 때문입니다.

### 식물의 겉모습을 보고 판단하는 방법

식물은 물이 부족하면 팽압이 떨어져 잎과 줄기에 힘이 빠지고 탄력을 잃습니다. 그러니 식물의 새순이나 줄기를 자세히 관찰하면 물이 부족한지 아닌지를 어느 정도 판단할 수 있지요. 특히 다육식물, 선인장처럼 물을 저장하는 식물들은 잎이나 줄기의 표면에 생기는 주름을 유심히 보세요.

물이 부족해 잎이 시들시들해진 올리브나무

다육식물과 선인장은 수분이 빠져나가면 잎, 줄기에 자글자글한 주름이 생긴다.

# 실패하지 않는 물 주기

**충분히, 그리고 느리게!**

물을 부족하게 줘서 뿌리까지 도달하지 못하는 경우(좌)와 흙이 너무 말라 있거나 분갈이 시 기존 흙과 새 흙이 충분히 혼합되지 못해(속칭 '연탄 갈이') 물이 기존 흙으로 침투하지 못하고 겉도는 경우(우)

물을 줄 때는 미온수(차가운 물은 금물!)를 준비하고, 드립 커피를 만들 때처럼 물줄기를 돌려가면서, 느린 속도로 부드럽게 듬뿍 줍니다. 강한 물줄기로 물을 주면 화분 속의 흙이 잎에 튀어 질병을 일으키기도 하니 주의해야 합니다.

이때 물은 화분 아래로 물이 충분히 새어 나올 때까지 주되, 그렇게 빠져나온 물은 충분히 배수되어야 합니다. 간혹 화분 받침에 고인 물을 방치하는 경우가 있는데, 화분 아래 받침은 충분하게 준 물이 대부분 빠진 다음 몇 방울 떨어지는 물을 받기 위한 용도입니다. 특히 디자인이 강조되는 요즘 화분 받침들은 물을 받을 수 있는 양이 충분치 않은 경우가 많습니다.

만일 화분에서 빠져나온 물을 배수할 공간이 여의치 않다면 물을 담은

통에 화분을 담그는 저면관수법을 시도해도 좋습니다. 단, 이 경우 통 속의 물을 여러 식물들이 공유하게 되므로 해충이 있거나 질병이 있는 화분들은 구분해서 따로 물을 줘야 합니다.

저면관수를 할 때는 물통의 물이 아래 배수구를 통해 들어갈 만큼의 충분한 물을 준비한다. 위에서 물을 함께 주는 것도 좋은 방법이다.

그리고 화분 위에 (분갈이 흙이 물에 뜨는 것을 막거나 장식할 목적으로) 세척하지 않은 마사토나 이끼가 덮여 있어 물이 잘 내려가지 않는다면, 어묵꽂이 막대나 손가락을 이용해서 깊이 찔러줘도 좋습니다. 배수도 되고 산소도 공급하는 일석이조의 효과가 있는데, 이는 지렁이가 있는 흙에서 식물 뿌리가 건강하게 자라는 것과 같은 원리입니다.

원활한 물 빠짐과 산소 공급을 위해 화분 속의 흙을 막대를 이용해 찔러준다.

## 햇빛이 뜨겁고 강하게 내리쬘 때는 물을 주지 않는다

무더운 한여름이나 뜨거운 햇빛이 내리쬘 때 식물에 물을 주면 어떻게 될까요? 체감온도가 35도 이상 올라가는 날이 지속되면 식물은 물을 빠른 속도로 잃는데, 이때 잎에 있는 기공을 닫고 물 배출을 멈춰 비상사태에 돌입합니다. 그리고 햇빛에 닿는 면적을 줄이기 위해 사람이 보기에 애처로울 정도로 쪼그라들지요. 그 모습이 안쓰럽다고 물을 줄 경우, 기공이 닫혀 물을 배출하지 못하는 식물은 충격을 받게 됩니다. 엎친 데 덮친 격으로 잎에 맺힌 물방울은 렌즈 효과를 일으켜 식물의 잎에 화상의 흔적을 남기기도 하지요.

무더운 날이나 햇빛이 강한 정오에는 급하게 물을 주기보다 식물을 그늘로 옮기거나 잠시 기다렸다가 저녁에 물을 공급하는 게 좋습니다. 인내심을 가지고 기다리다 보면 더위가 한풀 꺾이는 오후쯤에는 식물이 원래의 모습으로 돌아가 있는 걸 발견할 수도 있습니다.

렌즈 효과로 인해 잎에 남은 물방울이 화상을 일으킨 경우

# 원산지에 가까운 환경 만들기

✳ 식물 상담 ⌵

## 적정 온도와 적정 습도를 얻기 위한 여정

실내 식물 대부분은 온도와 습도가 높은 동남아시아, 남미, 아프리카 같은 열대 및 아열대 지방 출신들입니다. 그들이 우리나라 실내 공간으로 들어오게 된 이유는 우리가 생활하는 공간이 강한 햇빛이 뚫고 들어오지 않는 정글과 유사하기 때문입니다.

빛 조건은 원산지와 유사하지만 사계절의 구분이 있고 긴 겨울이 있어 온도와 습도의 변화가 심한 우리나라 기후 조건은 열대 및 아열대 식물들이 성장하기에 쉬운 환경이 아닙니다. 가드닝을 할 때 온도계와 습도계를 꼭 장만하라고 당부하는 이유도 이 때문이지요. 같은 집 안에서도 공간마다 조도가 다르듯이 온도와 습도도 다르기 때문에 식물을 놓은 공간별로 온·습도계를 둘 수 있다면 더욱 좋습니다.

요즘 나오는 온·습도계는 합리적인 가격으로 공간의 최고, 최저 온도와 습도를 저장하는 기능까지 제공합니다. 조도계로 오전, 오후의 조도를 측정하고 온도와 습도까지 파악한다면 나의 공간에 어떤 식물이 적합할지 기준을 설정할 수 있습니다.

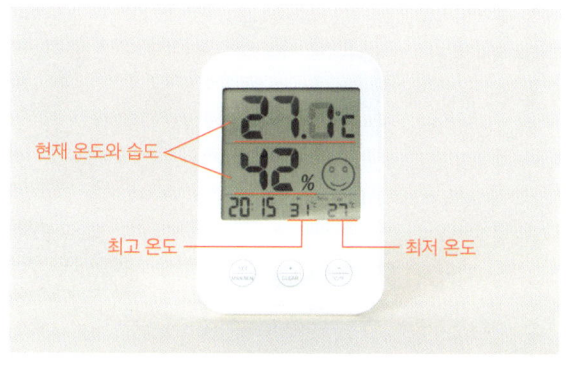

버튼을 누르면 우측 하단의 숫자가 최고, 최저 습도로 바뀐다.

### 실내 식물의 습도에 대한 모든 것

식물을 키울 때, 온도의 중요성은 잘 알지만, 습도의 중요성을 간과하는 경우가 많다. 식물을 키우면 식물의 증산작용으로 습도도 자연스럽게 올라갈 것이라 생각하지만, 이는 실내 공간이 식물로 가득 차 있는 경우에나 가능하다. 계절적 요인과 겨울철 난방의 영향을 많이 받는 습도는 너무 높거나 낮으면 식물이 피해를 입기도 하니 습도 역시 주의 깊게 살펴야 할 환경 요소이다(온도에 대한 정보는 이 책의 87~89쪽 참조).

**Q. 실내 관엽식물에 적합한 습도는?**
**A.** 이상적인 습도는 60~80퍼센트 정도이지만 시설 재배하는 하우스가 아닌 실내 공간에서는 50퍼센트 이상만 유지해도 크게 문제는 없다. 겨울에 보일러 난방을 할 경우 습도가 10~20퍼센트 수준으로 떨어지는데 이때 아열대나 열대가 원산인 식물들의 잎 상태가 크게 나빠지니 특별한 관심이 필요하다.

**Q. 습도는 높으면 높을수록 좋을까?**
**A.** 습도가 90~95퍼센트 이상으로 높아지면 식물은 잎에 있는 기공을 닫고 이산화탄소를 흡수하지 않기 때문에 광합성이 이루어지지 않는다. 게다가 지나치게 높은 습도로 인해 각종 곰팡이병이 발생할 수도 있다. 만일 실내에서 미니 온실을 만들어 식물을 관리하고 있다면 정기적인 통풍을 통해 안쪽 공간에 습기가 차지 않도록 해야 한다.

**Q. 잎 끝에 물방울이 맺히는 이유는?**
**A.** 공중 습도가 높은 상황에서 흙 속에 물이 많을 경우 잎 끝에 물방울이 맺히는데, 이를 '일액현상'이라고 부른다. 어두운 밤이 되면 식물은 기공을 닫고 물을 내뿜는 증산작용을 중단하는데, 물이 너무 많을 경우 어둠 속에서도 뿌리를 통해 물을 끌어올려 잎에 있는 배수 조직으로 물을 배출한 결과 잎에 물방울이 맺히는 것이다. 이 물방울에는 물만 있는 게 아니라 각종 무기물이나 당도 포함되어 있어 물방울이 마르고 난 자리에 하얗게 흔적을 남기기도 한다. 한편, 무늬종 식물의 무늬가 있는 부분에 일액현상으로 맺힌 물방울이 마르지 않고 남을 경우 잎이 타들어가는 문제가 생기기도 하니 특별히 주의하는 것이 좋다.

알로카시아에 발생한 일액현상

## 가장 간과하는 환경 요소, 통풍

식물은 뿌리로 물을 흡수하고 잎으로 내뱉습니다. 그러니 식물 주변은 자연히 습도가 올라가지요. 식물의 구조가 복잡할수록 잎에서 배출하는 수증기가 멀리 날아가지 못하고 주변의 잎에 머무는 경향이 있습니다. 건조한 가을과 겨울에는 큰 문제가 되지 않지만 공중 습도가 높아지는 늦봄이나 여름이 되면 높은 습도로 인한 곰팡이가 생겨 각종 병해의 원인이 되기도 합니다.

이는 식물이 증산작용을 통해 물을 내뱉으면, 그것을 날려주는 바람의 힘이 필요하다는 뜻입니다. 그런데 최근 들어 공해와 미세먼지가 심각해지면서 창문을 여는 걸 꺼리는 분들이 많습니다. 해결책은 허무할 정도로 간단합니다. 집에 있는 선풍기나 서큘레이터 같은 기계의 도움을 받으세요. 식물은 자연풍과 인공풍을 구분하지 않습니다. 단, 바람을 줄 때는 식물에 직접 닿지 않도록 벽을 향해 바람을 쏘이거나 옆으로 돌아가는 간접풍을 활용해야 합니다.

서큘레이터나 선풍기를 이용할 경우 바람은 되도록 식물에 직접 닿지 않도록 벽 쪽을 향하게 하고, 식물에 응애 같은 작은 해충이 없는지 미리 확인한다. 통풍을 하다가 해충이 번지는 일이 생길 수도 있다.

지금까지 식물이 건강하게 자랄 수 있는 환경을 빛, 물, 온도와 습도, 그리고 통풍의 측면에서 설명했습니다. 이 모든 조건을 충족시킬 수 있으면 좋겠지만, 우리가 사는 공간 대부분은 식물에게 적응을 위한 특별한 노력을 요구하는 게 어쩔 수 없는 현실이지요. 제약 조건이 많은 환경에서 식물을 키우는 분들에게 한 가지 위로가 되는 말을 하자면, 식물들은 최고의 환경에서도 죽을 때가 있다는 겁니다. 아무리 성장에 우호적인 환경이 갖추어져도 적절한 관심과 노력을 기울이지 않으면 식물은 잘 자라지 않습니다.

그러니 여러분이 이제 막 식물의 세계에 입문했더라도 처음부터 너무 불안해하거나 답답해할 필요 없습니다. 하나의 화분 앞에서 우리 모두는 같은 출발선상에 서 있습니다. 앞으로 서서히 알게 되겠지만 식물은 겉보기 특징에 따라, 원산지에 따라, 그리고 성장 단계에 따라 저마다 다른 보살핌을 필요로 합니다. 그리고 자신들만의 고유한 언어로 집사들에게 이야기를 건네지요. 이 책은 그런 식물의 이야기에 귀 기울일 수 있는 방법을 알려주는 책입니다. 저와 함께 조금의 관심과 노력을 기울인다면 여러분도 곧 식물이 하는 말을 듣고, 각자의 방식으로 식물과 소통을 해나갈 수 있으리라 믿습니다.

## 지속 가능한 가드닝을 위한 팁: 나만의 식물 노트 만들기

식물 관리 노트를 만들어 식물을 입양하고 관리하는 과정을 기록으로 남겨보세요. 식물과 함께하는 시간이 경험이 되어 차곡차곡 쌓이다 보면 어느새 여러분의 '식물력'이 눈에 띄게 성장해 있을 겁니다.

### • 식물 관리 노트 •

**이름:** 싱고니움

**학명:** Syngonium podophyllum 식물 관리법은 정확한 이름을 아는 것에서부터 시작된다.

**구매한 시기, 장소, 연락처:** 2021년 11월 1일, 가드너스와이프 성북동 본점, XX-XXX-XXXX 구매처를 알고 있으면 문제가 생겼을 때 도움을 받을 수 있다.

**| 개요 |**

연두색, 흰색, 붉은색, 분홍색 등의 잎색과 줄무늬, 점무늬 등 다양한 잎모양을 지닌 대표적인 잎보기식물이다. 실내 암모니아 제거 능력이 우수하고 반음지를 좋아하며 고온다습한 환경에서 잘 자란다. 덩굴성이면서 줄기 마디에서 기근이 나와 다른 물체에 붙어 자란다. 줄기를 자르면 즙액이 나오는데, 이를 식용하면 위험하다.

**| 식물 특성 |**

**분류**: 천남성과

**원산지**: 열대 아메리카(브라질, 볼리비아, 에콰도르, 멕시코) 출신 국가뿐 아니라 해당 국가의 기후 정보도 함께 기록해 두자.(고산지대인지 건조지역인지 등등)

**자라는 형태**: 넝쿨식물 나무(목본) / 초본(풀) / 넝쿨식물 / 착생식물

**적정 온도**: 생육적온 21~25℃, 월동온도 10℃

**적정 습도**: 40~70%

**조도**: 중간 광도(800~1,500 Lux), 높은 광도(1,500~10,000 Lux)
같은 속(genus)의 식물이라고 해도 좋아하는 빛의 범위가 다른 경우가 많다.

**토양(배수성, 좋아하는 토양산도)**: 토양배수성과 토양산도에 크게 민감하지 않음. 배수가 잘되는 토양을 좋아하는 식물을 심을 때는 배수 토양의 비중을 높여주는 게 좋다.

**독성(사람, 반려동물)**: 있음. 유아나 강아지, 고양이에 독성이 있는 식물은 주의가 필요하다.

**통풍**: 통풍에 크게 민감하지 않음. 식물의 형태로 유추가 가능하다.(82쪽 참조)

**| 환경 특성 |**

**분갈이 시기**: 구매한 시기는 겨울이었지만 싱고니움을 키우는 장소가 평소 22도 이상으로 유지되는 곳이기 때문에 구매해온 당일 바로 분갈이를 했다.

**분갈이 토양**: 화분 크기를 기존에 심어진 플라스틱 화분보다 10% 정도 큰 것으로 선택했기 때문에 원예용상토만으로 심어주었다. 분갈이를 했을 때 뿌리 상태, 토양 혼합 비율 등을 글이나 사진으로 남겨놓자.

- 식물 관리 노트에 필요한 정보는 농촌진흥청에서 운영하는 농사로(https://www.nongsaro.go.kr)를 참고해서 작성했다. 농사로 농사백과에서 식물의 속명을 검색하면 세부적인 관리 정보와 재배 정보를 얻을 수 있으니 참고하자. 다루는 식물의 범위가 좁아서 아쉬운 부분이 있기는 하지만 인터넷에 떠도는 잘못된 정보보다는 훨씬 신뢰할 수 있다.
- 싱고니움에 대한 추가적인 정보는 214쪽 참조

*LESSON 3*

✸

식물이 하는 말을
들어주세요

⌄

*Gardening School*

# 식물의 잎이 하는 말

식물상담

20여 년간 식물을 키우고, 나누고, 죽이기도 하며 자연스레 식물별로 최적의 성장 조건이 다르다는 것, 그리고 그러한 조건이 식물의 잎, 줄기, 뿌리 모양과 밀접한 관련이 있다는 사실을 알게 되었습니다. 이는 어쩌면 당연한 결과이지요. 원산지의 환경에 식물이 적응하는 과정에서 특징적인 잎, 줄기, 뿌리 모양을 갖게 된 것이니까요. 그중에서도 특히 잎 모양은 식물의 원산지 환경과 관련해 우리에게 많은 이야기를 해주고 있습니다.

# 선인장을 어두운 곳에서
# 키워서는 안 되는 이유

빛이 부족한 환경에 오랫동안 적응한 식물은 최대한 많은 빛을 받아들이기 위해 잎의 면적을 넓히려고 합니다. 떡갈잎고무나무, 몬스테라, 휘커스 움베르타 같은 식물들이 그러합니다. 특히 몬스테라는 부족한 빛을 다른 잎들과 공유하기 위해 잎에 구멍을 냈다고도 알려져 있습니다.

반면 빛이 충분한 곳에 사는 식물들은 굳이 큰 잎을 유지할 필요가 없습니다. 작은 잎으로도 충분히 광합성을 할 수 있기 때문이지요. 그리고 햇빛이 너무 강할 경우 수분 손실의 우려가 있기 때문에 수분을 저장해두기 위해 잎이 두꺼워지는 경우도 있습니다.

날카롭고 긴 형태의 침엽수 잎, 다육식물의 두껍고 좁은 잎 모두 빛이 많고 건조한 환경에 적응하기 위한 방편이었다고 볼 수 있습니다. 극도로 건조한 곳에 적응한 선인장은 잎을 가시로 만들기까지 합니다. 침엽수, 선인장과 다육식물을 어두운 곳에 두어서는 안 되는 이유가 여기에 있습니다.

몬스테라(좌)와 휘커스 움베르타(우)의 넓은 잎

침엽수의 좁고 날카로운 잎

**잎은 생각보다 더 많은 정보를 담고 있다**

대표적인 실내 식물인 떡갈잎고무나무와 (무늬)벵갈고무나무의 학명은 각각 휘커스 리라타(Ficus lyrata)와 휘커스 알티시마(Ficus altissima)로, 휘커스라는 공통적인 속명을 갖고 있다. 식물의 계통에서 같은 속에 속하면 유사한 성격을 갖는 경우가 많은데, 이들 역시 우리말 이름에 '고무나무'가 공통으로 붙은 것처럼 잎을 따거나 줄기를 자르면 과거 고무의 원료가 되었던 흰 액체가 나오는 공통점이 있다. 그리고 고무나무속은 실내에서 적응을 잘한다고 알려져 있기도 하다. 이는 반은 맞고 반은 틀린 이야기이다.

떡갈잎고무나무는 실내의 어두운 환경에서 적응을 잘하는 편이다. 그러나 잎에 무늬가 있는 벵갈고무나무는 빛이 부족한 환경에서는 잘 적응하지 못한다. 같은 집안이지만 두 나무의 성격은 너무 다르다. 같은 벵갈고무나무라도 무늬가 없는 무지벵갈고무나무가 무늬가 있는 벵갈고무나무보다 실내 적응 능력이 월등히 뛰어나다.

잎이 크고 짙은 녹색을 띄고 있다는 건 빛이 부족한 환경에서 적응하며 진화했다는 것이고, 잎이 상대적으로 작고 다양한 색상을 가지고 있다는 건 양분을 만들기 위해 더 많은 빛이 필요하고, 그 빛에 적응했다는 것을 의미한다.

실제로 동남아시아 지역을 여행하다 보면 떡갈잎고무나무는 호텔이나 건물 로비 주변, 주로 그늘진 공간에 위치하는데 반해 (무늬)벵갈고무나무는 땡볕 아래에서 가로수 역할을 하고 있는 걸 어렵지 않게 발견할 수 있다.

떡갈잎고무나무(좌)와 무늬벵갈고무나무(우)의 잎

|  | 어른 잎 크기 | 색상 | 새잎이 나오는 속도 |
|---|---|---|---|
| 떡갈잎고무나무 | 30cm 이상 | 짙은 녹색 | 다소 느린 편 |
| 무늬벵갈고무나무 | 15~20cm | 연노란색, 연녹색, 녹색의 혼합(무늬) | 빠른 편 |

※ 무늬벵갈고무나무에 대한 더 자세한 설명은 196쪽, 떡갈잎고무나무는 226쪽을 참조할 것.

싱가포르 길거리 햇빛 아래에서 10미터 이상 자라고 있는 무늬벵갈고무나무. 최대 30미터 정도까지 자란다.

## 식물이 털을 만드는 이유

사계절 햇빛이 뜨겁고 건조한 환경에 적응하기 위해 가늘고 두꺼운 잎을 만드는 식물도 있지만 사계절 중 특히 여름이 극도로 건조한 지중해성기후인 지역, 뚜렷한 건기가 있는 지역, 고도가 높고 추운 지역 출신 식물들은 잎에 털을 만들거나 가루를 만들어 수분 증발을 막으려고 합니다. 반면 물이 풍족한 환경에서 자라는 식물들은 증산작용을 원활히 하기 위해 매끈한 잎을 유지하려고 하지요.

잎에 미세한 털이나 가루가 있는 식물로는 유칼립투스, 아카시아, 코로키아, 제라늄, 로즈마리, 라벤더, 백분이 생기는 다육식물, 일부 베고니아 등이 있습니다. 익숙한 이름이 눈에 띄나요? 혹시 한 번쯤 키우다 쓴 경험을 맛본 식물은 아닌가요?

1 라벤더, 2 산톨리나, 3 세네시오속 엔젤윙스, 4 세네시오속 은월의 잎. 특히 라벤더와 산톨리나는 장마철에 힘든 적응의 시간을 갖는다.

세네시오속 은월의 털을 벗기면 녹색 잎이 나온다. 이처럼 뜨거운 빛으로부터 스스로를 보호하기 위해 털이나 백분(흰 가루)을 내는 다육식물이 있는데, 일종의 자외선 차단제라 볼 수 있다.

이들 대부분은 여름이 건조한 지역 출신으로 수분 증발을 막기 위해 온몸에 털과 가루로 코팅을 한 셈입니다. 이런 식물들에게 우리나라의 여름은 가혹하기만 합니다. 자생지에서 경험하지 못한 높은 습도가 3~4개월간 계속되기 때문이지요. 그 결과 잎이 망가지고, 뿌리와 줄기가 무르고, 아예 형체가 사라지는 경우도 있습니다. 결코 쉽지 않은 식물들이지요. 아이러니하게도 이런 면이 가드너들의 도전 욕구에 불을 지피는 것 같습니다. 최근 들어 이런 식물을 찾는 분들이 확실히 늘고 있으니까요. 햇빛을 받으면 은빛으로 빛나는 아름다운 모습에 혹할 수밖에 없는 것이지요.

무늬,
또 다른 적응의 결과

이 책을 쓰고 있는 2021년 현재, 가드닝계는 '무늬종의 시대'라고 부를 수 있을 정도로 잎이나 줄기에 무늬가 있는 식물에 대한 관심이 늘고 있습니다. 무늬가 고정되지 않고 변화하는 돌연변이 무늬에 대한 관심도 뜨겁지요. 관엽식물에 반입(variegation)*이 발생하는 원인은 여러가지가 있습니다만 대체로 광합성을 하는 엽록소가 제대로 만들어지지 못하거나 없어지는 경우, 엽록소 대신 다른 색소가 생기는 경우, 표피세포가 구조적으로 변형된 경우에 무늬가 만들어진다고 알려져 있습니다. 그 밖에도 질병, 천적으로부터 보호하기 위해 잎에 무늬를 만들어내는 식물들도 있지요.

• 식물에 흰색, 노란색, 붉은색, 녹색 등의 무늬가 불규칙적으로 분포되어 있는 것으로, 이 책에서는 이해를 돕기 위해 '돌연변이 무늬'라고 표현해보았다.

바야흐로 가드닝계에 '무늬종의 시대'가 열리고 있다.

1 크테난테 아마그리스(칼라데아와 같은 마란타과), 2 칼라데아 메달리온, 3 칼라데아 무사이카 네트워크. 칼라데아속 식물들은 잎을 갉아 먹는 곤충의 천적으로 위장을 하기 위해 무늬를 가졌다고 알려져 있다.

무늬종 식물의 무늬를 발현시키는 데 영향을 주는 가장 큰 요인은 유전인자이지만, 빛의 세기나 질 같은 환경 요인도 큰 영향을 주고, 이외에 온도, 수분 등도 부수적인 영향을 미칩니다. 빛이 부족한 공간에서 무늬종 식물을 키우면 식물의 잎은 엽록소의 함량을 늘리는 방향으로 적응을 하는데, 그럴 경우 무늬가 약해지거나 없어질 수 있습니다. 반면 빛이 충분할 경우 안토시아닌과 같은 색소의 함량이 늘어나 무늬가 또렷해집니다. 적응력 면에서는 무늬가 없는 건강한 잎을 가진 식물들이 훨씬 유리한 게 사실입니다. 특히 음지에 적응한 식물일수록 잎이 더 짙은 녹색을 띠는 경향이 있습니다.

잎마다 각기 다른 다양한 무늬를 보여주는 필로덴드론 카라멜마블

진하고 큰 잎을 가진 몬스테라와 흰색 무늬를 가진 알보 몬스테라

선인장이나 다육에 생기는 노란색이나 흰색 돌연변이 무늬를 금(錦)이라고 부른다. 금이 있는 선인장, 다육은 돌연변이 무늬가 있는 관엽식물과 마찬가지로 성장속도가 느리다.

### 분명 빨갛던 새순이 언제 다시 녹색이 되었을까?

햇빛이 뜨거워지기 시작하는 5, 6월이 되면 이름 앞에 오색, 카멜레온, 삼색 등의 수식어를 붙인 식물들이 식물 시장을 뜨겁게 달군다. 저마다 붉은색이나 분홍색 새순을 자랑하는 식물들이다. 그런데 분명 구매할 때는 독특한 색을 뽐내던 새순이 집에 와서는 얼마 지나지 않아 녹색으로 바뀌는 걸 종종 목격한다. 빛이 부족한가 싶어 햇볕 아래 내놓아도 한 번 녹색으로 변한 잎은 어지간해서는 다시 붉은색으로 돌아가지 않는다. 그 이유가 무엇일까?

식물에 새순이 돋는 시기는 사람으로 따지면 유년기에 해당하는, 주변 환경의 변화에 취약한 시기다. 봄이 되어 잎눈이 터져 새순을 냈는데 여리고 어린 잎이 맞이하는 5, 6월의 햇살은 결코 만만치가 않다. 아직 광합성이라는 생산활동을 할 준비가 되지 않은 어린 잎은 결국 수분 증발을 최소화하면서 몸을 보호하는 안토시아닌을 합성하게 되는데, 이 안토시아닌이 붉은색 계열이다보니 새순이 붉은색이나 분홍색으로 발현하는 것이다.(그 밖에 낮과 밤의 온도 차가 커지는 가을, 겨울이 되었을 때 일교차에 의해 새순이 붉은색이나 노란색으로 물드는 식물들도 있는데, 이 역시 저온의 충격으로부터 새순을 보호하기 위한 것이라 볼 수 있다.)

그런데 새순이 자라 어른 잎이 되면 안토시아닌이 사라지고 엽록소가 본격적인 활동을 시작하는데, 그러면서 잎도 함께 녹색으로 변한다. 어른 잎이 된 식물에게 강한 빛을 준다고 해도 다시 새순이 나오지 않는 이상은 처음의 붉은색으로 돌아가지 않는 것이다.

2주 후

노지에서 새순이 붉은색이나 분홍색으로 변한 무늬마삭줄. 이 색상은 잎이 성장함에 따라 사라진다.

온도가 크게 변하지 않는 여름철에는 녹색으로, 일교차가 있는 환경에서는 흰색이나 노란색으로 새순의 색이 변하는 필로덴드론 플로리다 고스트

일교차에 의해 식물 전체가 붉게 물드는 수도립살리스 라뮬로사 루비

### TIP 앞뒤가 다른 식물 이해하기

햇빛이 충분한 곳에서 자란 식물은 잎의 앞면과 뒷면 색이 대부분 비슷하다. 반면 주로 실내에서 많이 키우는 관엽식물은 늘 빛이 부족한 정글 하단부에서 자라다보니 엽록체가 잎의 앞면에 집중되어 잎의 앞면과 뒷면 색이 다른 경우가 많다. 만일 잎의 앞뒷면 색이 다른 것이 예뻐서 식물을 입양했다면 식물이 뜨거운 빛에 화상을 입지 않도록 각별히 주의해야 한다.

잎의 앞뒷면 색이 다른 크테난테 아마그리스

식물 상담

# 잎의 모양으로 특성을
# 파악하기 어려운 식물들

잎의 겉보기 모양으로 관리법을 유추하는 방법이 늘 맞는 것은 아닙니다. 환경에 적응하는 식물의 특성상 잎, 줄기, 뿌리를 의외의 형태로 바꿔버리는 경우가 늘 발생하기 때문이지요. 꾸준히 인기 있는 관엽식물인 칼라테아, 아스파라거스, 극락조, 접란(나비란) 같은 초본식물(풀)들이 바로 그런 경우라 할 수 있는데, 이 식물들의 공통점은 뿌리에 저장조직을 만들어 건조에 견디는 힘이 강하다는 것입니다. 이들 식물의 상태가 안 좋아지고 있다면 먼저 과습이 아닌지 확인해보세요.

뿌리에 저장조직이 발달하는 칼라데아 마코야나(좌), 아스파라거스 움벨라투스(우). 감자같이 커다란 저장조직이 있어 건조에 강한 편이다. 물 부족보다는 과습으로 망가지는 경우가 많으니 이런 식물들은 화분을 물에 오래 담그는 저면관수는 피하도록 하자.

## 식물의 수형이 하는 말

✽ 식물 상담 ∨

# 내 허브는
# 왜 자꾸만 죽을까?

식물은 환경에 적응하며 진화하는 과정에서 다양한 변화를 맞습니다. 높은 산에 씨앗이 떨어진 나무는 척박한 환경에 적응하느라 평지에 있는 동일한 식물에 비해 왜소하게 변합니다. 특히 바람이 많은 지역에서 온 식물은 키와 잎의 크기를 줄이고 줄기도 더 촘촘한 구조로 만들지요. '바다(marinus)의 이슬(ros)'이라는 이름을 가진 로즈마리가 대표적인 예입니다. 로즈마리는 복잡한 줄기 구조를 가지고 있으며 잎은 촘촘하고 미세한 털이 나 있습니다. 크게 자라지도 않지요. 이름처럼 바닷바람 속에서 뜨거운 햇빛에 적응한 결과입니다.

비슷한 잎모양과 수형을 가진 라벤더 역시 좋아하는 환경이 로즈마리와 유사합니다. 때문에 라벤더는 충분한 빛과 바람이 제공되지 않는 환경에서 과습이 더해지면 속부터 잎이 말라들어가는 전형적인 문제가 발생하곤 합니다.

반면, 필로덴드론은 로즈마리와 극단적으로 대비가 됩니다. '나무(dendron)를 사랑하는(philo)'이라는 이름처럼 주로 나무에 붙어사는 필로덴드론은 잎이 풍성하기보다 듬성듬성 나는데, 이는 강한 바람이 없는 곳에 적응한 결과로 싱고니움, 안스리움 등도 비슷한 특징을 지닙니다.

과습 피해를 입은 라벤더

잎이 듬성듬성 나는 필로덴드론

영국 런던 큐가든. 구름처럼 보이는 식물은 코로키아와 소포라 군락으로, 왜 통풍이 되지 않은 실내에서 이들을 키우기 힘든지 이해할 수 있다.

혹시 집에서 잎이 하얗게 변한 채 죽어가던 로즈마리를 본 적이 있지 않나요? 흰가루병은 곰팡이병의 일종으로 습도가 높고 통풍이 원활하지 않은 환경에서 온도 차가 발생할 때, 그리고 식물의 건강 상태가 좋지 않을 때 주로 발병하는데, 복잡한 구조의 로즈마리를 통풍이 잘 되지 않는 실내로 가져온다면 피하기 힘든 질병입니다.

마찬가지로 로즈마리와 비슷한 구조를 가진 라벤더, 윌마, 소포라, 코로키아 등도 같은 이유로 실내 식물로 키우기에는 난이도가 높은 편입니다. 물론 집에서 로즈마리를 키우고 싶다면 방법이 아주 없는 것은 아니니 너무 빨리 좌절하지는 마세요.

# 허브 연쇄 살인범에서 벗어나기

허브는 주로 유럽 남부와 지중해 인근, 서남아시아 출신의 로즈마리, 세이지, 민트, 타임, 오레가노, 바질, 딜, 제라늄 등을 가리키며, 웬만큼 식물을 키우는 사람들 사이에서도 실내에서 키우기 매우 어려운 식물로 알려져 있습니다. 허브류는 얇고 솜털이 있는 잎, 복잡한 줄기 구조, 화려한 꽃을 가지고 있는데, 이는 햇빛과 통풍이 매우 중요하고, 여름철 과습에 특별한 주의가 필요하며, 토양의 배수성에도 신경을 써야 한다는 뜻이지요. 또한 허브류는 향기가 있고, 독성이 약하다는 특징도 있습니다. 식물이 잎이나 줄기에서 향기를 내뿜는 이유는 자신의 영역을 표시하거나 스스로를 보호하는 목적인 경우가 대부분으로, 허브 역시 자신을 갉아먹는 해충을 내쫓고, 경쟁 식물의 접근을 막기 위해 향을 내는 것이지요. 이런 특징들로부터 허브 키우기의 팁을 얻을 수 있습니다.

### 1. 3~4만 럭스 이상의 햇빛과 원활한 통풍은 필수

들판에서 혹은 바닷가에서 바람에 흩날리며 자라던 허브를 사람이 사는 공간으로 데리고 들어온다면 충분하고 긴 시간의 일조량(남향 베란다), 식물생장등, 서큘레이터가 삼위일체가 되어 환경의 제약을 보완해야 합니다.

실외에서 키우는 게 최선이겠지만 민트, 램스이어 등 일부 허브를 제외하고는 중부지방의 추위를 이겨내지 못하기에 실내와 실외를 오고 가는 수고를 감수할 수 밖에 없습니다. 여기에 덧붙여 복잡한 줄기구조를 갖는 허브의 경우 선제적으로 내부를 솎아 주는 가지치기가 필요합니다.

## 2. 해충도 허브의 향과 맛에 끌린다

허브 키우기에서 또 하나의 어려운 점은 바로 해충과 질병입니다. 실외 환경에 최적화된 식물을 실내로 가지고 들어오게 되면 식물은 당연히 허약해지고, 식물의 면역력이 떨어지면 벌레와 균들이 이를 알아차려 공격을 시작하지요.

바질과 민트에 잘 생기는 총채벌레, 로즈마리에 잘 생기는 흰가루병, 라벤더에 잘 생기는 줄기무름병, 세이지에 잘 생기는 온실가루이, 바질을 좋아하는 민달팽이, 바질과 루콜라를 순식간에 먹어치우는 청벌레 등이 그들입니다.

허브에 생기는 병해충은 친환경 농약으로는 잘 잡히지 않는 경우가 많은데, 그렇다고 식용하는 허브에 화학 농약을 칠 수도 없는 노릇이지요. 이 경우에는 허브를 곤충과 어느 정도 나눠먹겠다는 마음을 먹어야 할 수도 있습니다.

청벌레의 공격을 받은 바질

### 3. 충분한 공간을 확보하자

종류에 따라 다소 차이는 있지만 허브는 세력이 무척 강한 식물이고, 향기도 강한 만큼 주변에 다른 종류의 식물이 오는 걸 좋아하지 않습니다. 그래서 가까이 심을 경우 서로 겹치는 부위가 마르기도 하는데, 특히 위와 옆으로 풍성하게 자라는 나무인 로즈마리와 라벤더, 땅을 기는 줄기가 나와 왕성히 퍼지는 다년생풀 민트와 타임, 햇빛과 양분이 충분하면 60~80센티미터 이상 자라는 일년생풀 바질, 그리고 엄청난 생장력을 보여주는 세이지 등은 넓은 공간을 필요로 하는 대표적인 허브들입니다.

이 허브들은 땅에 심을 경우 좁게는 20센티미터 넓게는 50센티미터까지 간격을 확보해 줘야 합니다. 이런 식물을 작은 화분에 함께 심는다면, 게다가 성격이 서로 다른 나무, 다년생풀, 일년생풀을 합식까지 한다면 제대로 자라지 못할 게 분명하지요. 만일 상업 공간에서 좁은 컨테이너에 다양한 허브가 혼식되어 있는 걸 본다면 공간을 연출하기 위한 목적이거나 식용을 위해 단기간 운영하는 경우라고 봐도 무방합니다.

관목처럼 자란 순천만정원의 애플민트(위)와 영국 큐가든의 오래 묵은 라벤더와 로즈마리(아래)

# 식물의 원산지가 하는 말

✳︎ 식물 상담 ∨

우리나라 대부분의 지역은 온대기후에 속합니다. 온대기후는 가장 추운 달 평균기온이 영하 3도 이상인 지역, 열대기후는 영상 18도 전후인 지역을 가리키지요. 아파트에서 베란다를 없애고 거실을 넓게 쓰는 주거 형태가 일반화되면서 실내 공간은 온대기후 식물보다는 아열대, 열대기후 식물에 더 적합한 환경이 되었습니다. 그렇다고 실내에서 온대기후 식물을 키울 수 없게 되었다는 말을 하려는 것은 아닙니다. 물론 온대기후 식물들의 큰 매력 중 하나인 꽃을 보는 즐거움이 사라지게 되긴 했지만요(자세한 내용은 109쪽 참조).

## 원산지에 따라 다른 월동온도

초보 가드너 시절 제가 키우던 식물의 적정 월동온도가 몇 도인지 알아보다가 당황한 적이 있습니다. 자료를 만든 기관이나 저자에 따라 어떤 경우는 10도 이상 차이가 나기도 했으니까요. 제가 개인적으로 경험하며 깨우친 적정 온도와도 큰 차이를 보이는 경우가 많았습니다. 어떤 자료는 월동온도를 식물의 '속(genus)'을 기준으로 구분해놓은 경우도 있었는데, 같은 필로덴드론속이라고 하더라도 종마다 월동온도가 3~5도 정도 차이가 나기 때문에 이런 정보를 맹신하는 것은 좋지 않습니다.

최적의 조건을 일일이 맞출 수 없는 환경이라면 주어진 월동온도보다 5도 정도 높게 실내 온도를 유지하고 특히 겨울철에는 저녁 온도를 늘 확인하는 습관을 갖는 것을 권합니다. 개인적인 경험으로는, 열대 및 아열대지역 식물들은 종류에 상관없이 최저 18도 이상을 유지하는 게

부주의로 동사한 떡갈잎고무나무

건강한 잎을 유지하는 데 도움이 되었습니다. 부득이하게 최저 온도 이하로 살짝 떨어지는 곳이면 화분에 커버를 씌워 보온하거나 식물 주변에 비닐로 방풍막을 쳐보세요. 특별히 추운 날에는 밤 시간 동안 라디에이터 같은 화재 위험이 낮은 전열기를 이용하는 것도 좋은 방법입니다. 가장 안전한 방법은 월동온도보다 더 높은 온도에서 식물을 관리하는 것입니다. 특히 여전히 꽃샘추위의 위력이 살아 있는 3월과 4월 초까지는 거실과 분리되어 난방이 되지 않는 베란다에 식물을 들일 경우 저장 기능이 있는 온도계로 저녁 최저 온도를 반드시 체크해야 합니다. 또한 햇살이 따뜻해졌다고 실내 식물들을 창밖 베란다걸이나 외부로 내는 경우 봄을 시샘하는 강한 바람에 잎이 망가질 수도 있습니다. 특히 보들보들한 새순은 찬바람에 쉽게 망가지고 크는 내내 그 상처가 사라지지 않기 때문에 주의가 필요합니다.

**TIP 내 식물에 맞는 월동온도를 찾자!**

식물의 월동온도는 ① 땅에 심은 경우와 화분에 심은 경우 ② 두꺼운 화분에 심은 경우와 얇은 플라스틱 화분에 심은 경우 ③ 바람이 약한 곳과 바람이 강한 곳 ④ 낮에 채광이 좋은 곳과 채광이 나쁜 곳 ⑤ 무늬종이 아닌 경우와 무늬종인 경우에 따라 적게는 2~3도 많게는 10도 정도까지도 차이가 날 수 있다. 후자의 경우 월동온도는 더 올라간다.

- **15도 이상**

  안스리움, 알로카시아, 콜로카시아, 아글라오네마, 디지고테카(아랄리아), 크로톤, 필로덴드론, 베고니아, 포인세티아, 아레카야자, 피토니아, 바질(20도 이상 추천)

- **10도 이상**

  몬스테라, 드라세나, 아열대성 고사리류, 아열대성 난, 켄차야자, 디펜바키아, 스킨답서스, 스파티필름, 싱고니움, 마란타, 셰프렐라(홍콩), 시서스, 아나나스류(에크메아, 틸란드시아 등), 칼라디움, 칼라데아, 페페로미아, 산세베리아, 고무나무류, 필레아, 피토니아, 오렌지자스민, 레몬나무, 스테파니아, 베고니아, 극락조, 금전수, 호야, 디스키디아, 립살리스

- **5도 이상**

  제라늄, 아라우카리아, 극락조화, 아스파라거스, 아이비, 대부분의 다육식물과 선인장, 코로키아, 소포라, 아카시아

- **0도 이상**

  동백, 천리향, 돈나무, 만병초, 수국, 마삭줄, 남천, 치자, 무화과 등 남부지방 출신의 식물들, 로즈마리, 라벤더, 올리브나무, 유칼립투스, 민트

※ 0도 이하에서도 월동 가능한 식물들이 있지만 실내 공간에서 키운다는 전제하에 최저 기온을 0도로 설정했다.

## 건조지역 출신의 식물들

남미의 건조지역 출신 선인장과 아프리카 남부와 주변 지역 출신 다육식물은 햇빛이 충분하고 습도가 낮은 환경에 적응한 식물들입니다.

**다육식물·선인장 원산지**

(지도: 세네시오, 알로에, 메셈, 유포르비아, 립살리스, 아가베, 에케베리아, 선인장)

일본 시즈오카현 이즈 선인장공원 지도를 참고해 그린 다육식물과 선인장의 원산지 지도. 현재 주요 재배 지역과는 다소 차이가 있을 수 있다.

선인장과 다육식물은 다른 식물처럼 자라는 속도가 빠르지 않아 관리가 어렵지 않다고 여겨지지만 위의 원산지 지도를 보면 이들이 실내 환경에 적응하기 어려운 식물이라는 것을 쉽게 이해할 수 있습니다. 건조지역에서 왔다는 건 비가 오지 않고 해가 주야장천 내리쬐는 환경에 적응했다는 의미이니까요.

그 결과 좁고 두꺼운 잎, 저장조직이 발달하는 경우가 많습니다. 최소 3만~4만 럭스 이상의 빛을 최소 5시간 이상 필요로 하는데, 이런 공간은 남향 베란다 유리창 바로 앞 정도를 제외하면 실내에서 찾기가 어렵습

✱ 식물상담 ⌵

니다. 게다가 우리나라의 여름철 높은 습도는 이들 식물에게 무척 힘든 환경을 만들어주지요.

### 다양한 선인장의 세계

국내 원예시장에서 주로 만날 수 있는 선인장은 키가 큰 기둥선인장, 상대적으로 얇고 자구가 손가락처럼 펴지는 부채선인장, 구형선인장, 립살리스류와 같은 아열대성 착생선인장으로 분류할 수 있습니다. 대부분 강한 빛이 필요하고 건조한 환경에서 매우 느린 속도로 자라기 때문에 변화가 크지 않아서 상대적으로 성장이 빠른 다육식물과 구분됩니다.

스페인 바르셀로나 개인 정원에 있는 선인장 군락

주로 행잉 화분에 심어 키우고, 선인장치고는 성장도 느리지 않은 식물인 립살리스는 얼핏 보기에는 다육식물 같아 보이지만 분명 기둥선인장에 속하고 나무에 붙어사는 착생선인장입니다. 착생선인장을 좀 더 세밀하게 구분하면 립살리스, 수도립살리스, 에피필룸, 하티오라 등이 있지만 쉬운 이름이 아니다보니 '립살리스'로 통칭해서 부르곤 합니다(이 책에서는 편의상 '립살리스류'로 표기).

행잉 식물로 연출하기 좋은 립살리스와 다육식물인 디스키디아

립살리스류는 다른 선인장과 달리 남미뿐 아니라 인도, 아프리카 일부 지역까지 넓게 분포하는 식물인데 새순을 보면 가시가 있어 선인장임을 알 수 있습니다. 이 식물은 다른 선인장들처럼 건조한 환경에서 버티는 힘이 강할 뿐 아니라 아열대 기후의 높은 습도에도 동시에 적응했기 때문에 다양한 실내 공간에서, 심지어 빛 조건이 그리 좋지 않은 환경에서도 잘 버팁니다. 최근 들어 립살리스를 상업 공간 인테리어에 활용하는 예가 늘고 있는 것도 이러한 특성 때문이지요(립살리스류에 관한 더 많은 이야기는 219~221쪽 참조).

립살리스류의 가시는 새순에서 주로 관찰되고 부드러워서 마치 털처럼 느껴진다. 가시는 잎의 성장과 함께 떨어져나간다.

### 알고 보면 쉽지 않은 다육식물 기르기

다육식물은 주로 아프리카 남부를 중심으로 유럽과 아시아까지 넓게 분포하는 식물로, 건조한 환경에 적응하기 위해 잎과 줄기를 다육질로 만들었습니다. 한때 항암효과가 있는 것으로 알려진 토착식물인 '와송'도 다육식물에 속합니다. 다육식물은 선인장처럼 햇빛을 좋아하는 종부터 낮은 조도에도 잘 버티는 종까지 다양한 범위에 걸쳐 존재하지요. 한때 화려한 색감을 가지고 있거나 귀여운 모양을 가진 다육식물을 키우는 게 크게 유행한 적도 있습니다.

그러나 올망졸망 귀여운 모습에 반해 입양을 했다가 얼마 지나지 않아 형체가 녹아버리듯 망가지는(어떤 경우는 형체가 아예 사라지기도 합니다) 일을 겪게 될 수도 있습니다. 다육식물은 어떻게 보면 선인장보다 관리가 더 어려운데, 그 이유는 겉모습은 비슷해도 속별로 다른 성격을 보이는 경우가 많기 때문입니다.

### 다육식물을 기를 때 주의해야 할 점

- 유통명이 혼재되어 있는 경우가 많아 구매하기 전 정확한 이름을 확인하고 어느 속에 속하며 어떤 특징을 가졌는지 파악한다.
- 휴면기를 반드시 확인한다. 휴면기는 속마다 다르며, 다육식물을 휴면기를 기준으로 여름휴면형, 겨울휴면형, 지속생장형으로 구분하기도 한다. 휴면기에는 절대 물을 주어서는 안 된다.
- 여러 종류의 다육식물을 작은 화분에 함께 심을 경우(하지 않는게 가장 좋지만), 같은 속별로 그룹을 나누는 게 좋다. 합식한 식물 중 하나가 병에 걸려 상태가 나빠지면 빠른 시간 내에 모두 뽑아 따로 관리하자.
- 붉은색 잎, 검은색 잎 등 화려한 색감을 뽐낼수록 빛 요구도가 높아진다.
- 실내로 들여왔을 때 갖고 있던 색상이 빠지기 시작한다면 좋지 않은 신호. 머지않아 새 순이 위로 치고 올라오고 줄기가 얇아지는 웃자람이 시작될 수 있다.
- 땅에서 자라는 지생선인장이나 다육식물에게 배수는 필수이다. 배수가 잘 되는 화분을 선택해야 한다.

**주의** 토양 선택 시 유의 사항

선인장과 다육식물은 배수가 중요하므로 분갈이 시 토양 선택을 잘해야 한다. 원예용상토와 세척마사 비율을 1:2나 1:3 정도로 배합하는 것이 널리 알려진 방법인데, 이는 이들이 원예용품점에서 가장 손쉽게 구할 수 있는 용토이기 때문이다. 전문업체에서 제대로 혼합한 선인장, 다육식물 전용 용토를 구입해서 이용하는 것도 좋은 방법이다.(128쪽 참조)

다양한 형태와 색감의 다육식물을 모아놓으면 아기자기한 재미가 있지만 햇빛 요구량, 휴면기, 생장 형태가 다른 식물을 한 공간에 두면 결국 탈이 나기 마련이다. 원산지가 다른 다양한 다육들을 함께 심는 건 주로 공간 연출 목적인 경우가 많다.

### 선인장과 다육식물의 천적, 무름병

고온건조한 지역에서 온 식물들은 변화무쌍한 우리나라의 기후에 적응하기가 쉽지 않습니다. 특히 고온다습한 여름 장마철은 엄청난 고역일 겁니다. 환경에 적응하지 못한 식물들은 면역력이 떨어지고 해충과 질병이 그 빈틈을 노립니다. 특히 다육식물과 선인장처럼 잎과 줄기에 물을 품고 있는 식물의 경우, 줄기나 뿌리가 무르고 썩는 병에 걸리는 경우가 많습니다. 그리고 이 병에 걸리면 사실상 그 식물을 포기해야 할 수도 있습니다.

공간의 습도를 낮추고 살균제를 이용해서 무름병을 예방할 수 있긴 하지만, 건조지역 식물들이 원하는 완벽한 조건을 제공하는 건 현실적으로 어려운 일이지요. 큰맘먹고 구매한 귀한 선인장이나 다육식물을 통째로 쓰레기통에 버리는 가슴 아픈 경험을 할 수도 있으니 주의하세요.

다육식물에 발생한 무름병

### TIP  선인장과 다육식물이 웃자랐을 때

식물에서 가장 생장이 활발한 부분은 새순이 돋는 곳으로, 선인장의 경우 맨 위쪽, 다육식물의 경우 잎의 정중앙에 있다. 한편 빛이 부족해 식물이 웃자랄 경우 가장 먼저 튀어 올라오는 곳도 바로 이 새순 부분이다.

웃자라면서 얇아진 줄기는 좀처럼 두꺼워지지 않아 수형을 망가뜨린다. 시간이 지나면 괜찮아지겠지 하는 생각은 금물! 여기에 정기적으로 물까지 주게 되면 웃자람은 더 가속화된다. 웃자람 현상을 목격하는 즉시 빠른 조치를 취해야 한다. 웃자란 부위를 잘라내면 측면에서 새로운 눈이 발생한다. 이때 처음부터 충분한 빛을 줘야만 수형이 균형 있게 자리잡을 수 있다.

빛 부족으로 선인장이 웃자란 모습(위). 웃자란 부위를 잘라냈더니 새로운 눈이 발생했다(아래).

# 식물의 뿌리가 하는 말

✷ 식물 상담 ⌄

# 착생식물,
# 결핍이 만든 강함

구입한 식물을 분갈이하기 위해 플라스틱 화분을 털다 보면 분갈이흙이 아닌 나무껍질, 이끼 같은 소재에 심어진 경우, 혹은 아무런 소재 없이 식물체만 덩그러니 있는 경우도 종종 보게 됩니다. 이들의 공통점은 착생식물(着生植物)이라는 것입니다.

### 척박한 환경에서 살아남은 비결

식물이 착생한다는 것은 어딘가에 달라붙은 채로, 뿌리가 공기 중에 노출되어 있다는 뜻입니다. 뿌리가 공기 중에 노출되어도 살 수 있는 이유는 이 식물들 대부분이 따뜻한 열대, 아열대기후 출신이기 때문입니다. 그리고 모든 것이 풍족한 땅에서 자라는 지생식물에 비해 척박한 환경에서 버티는 힘이 훨씬 강하다는 의미이기도 하지요.

호접란, 카틀레야, 덴드로비움을 포함한 다양한 서양란, 호야, 안스리움 같은 관엽식물, 립살리스, 에피필룸 같은 아열대성 선인장, 박쥐란, 드라이나리아, 블루스타펀 같은 고사리류, 틸란드시아를 포함한 아나나스류, 리코포디움(석송)류가 대표적인 착생식물입니다.

✽ 식물 상담 ∨

1 박쥐란
2 틸란드시아
3 리코포디움(석송)

## 착생식물 물 주는 법

지표면보다 높은 큰 나무나 암석에 붙어 있는 식물들은 땅에서 자라는 지생식물보다 더 많은 빛을 필요로 합니다. 그리고 비정기적으로 내리는 빗물을 흡수하며 살아가기 때문에 늘 부족한 물로 인해 저장조직이 발달하곤 하지요.

따라서 착생식물을 키울 때는 나무껍질로 만든 바크 혹은 물은 잘 먹지만 빨리 마르는 수태(sphagnum moss)와 같은 용토에 식재하고 식물 자체가 물이 부족하다는 신호를 줄 때 물을 주는 게 좋습니다. 착생식물 대부분은 건조에 버티는 힘이 강하기 때문에 물 주는 시기를 놓쳤다고 쉽게 말라 죽지 않습니다. 겉으로 보기에 살리기 힘들 정도로 말랐을 경우에도 몇 시간 물에 푹 담그면 언제 그랬냐는 듯 통통한 모습으로 돌아오는 걸 어렵지 않게 경험할 수 있습니다. 이런 특성 때문에 물 주는 시기를 깜박하기 쉬운 행잉 식물로도 인기가 많습니다.

립살리스는 행잉 화분에 직접 심을 수도 있지만 포트 채로 끼워만 놓아도 문제없이 잘 자란다. 사진 속의 식물은 립살리스 카수타, 행잉 화분은 가드너스와이프 행잉 블렛 모델.

※ 식물 상담 ∨

디스키디아(위)와 크리소카디움(아래)도 실내 공간에서 행잉 식물로 많은 사랑을 받고 있다.

### 난을 올바르게 구분하는 법

**서양란과 동양란은 어떻게 다를까?**

일반적으로 서양란이라 부르는 난은 바크나 수태로 심지만 같은 난과 식물인데도 동양란은 난석이라고 부르는 토양에 심는다. 미니 심비디움(Cymbidium)이라고도 부르는 동양란은 지생, 즉 땅에서 자라는 식물이기 때문이다. 나무 아래 물이 잘 빠지는 부엽토층에서 자라는 심비디움속 동양란들을 화분에 옮길 경우에는 배수가 잘되고 통기성이 좋고 지생란들이 적응을 잘하는 동양란 전용 토양에 심는다.

난을 키운다면 난이 생장하는 위치에 따라 구분하는 게 식재용토의 선택이나 환경조건을 맞추는 데 도움이 되기 때문에 서양란, 동양란이라는 구분법보다는 착생란과 지생란이라는 구분법을 적용하는 것이 더 좋다.

- 착생란: 호접란, 카틀레야, 덴드로비움, 반다, 온시디움, 밀토니아, 풍란 등
- 지생란: 심비디움, 파피오페딜룸 등

**다육식물과 성격이 비슷한 착생란**

나무에 붙어사는 착생란과 땅에 사는 지생란은 기본적인 속성이 다르다. 앞에서 언급한 다른 착생식물과 마찬가지로 흙에 의존하지 않고 나무에 붙어 뿌리가 노출된 채 살아가는 착생란들은 햇빛이 필요하며, 물을 저장하는 습성이 있다. 이런 특성은 앞서 설명한 다육식물을 떠오르게도 한다. 착생란은 다육식물과 비슷하게 과습으로 인한 피해에 특히 취약하다.

반면 땅에 사는 지생란은 큰 나무의 줄기와 잎을 거쳐서 들어오는 빛을 받고 물은 필요할 때 땅에서 흡수하며 자란다. 따라서 상대적으로 약한 빛을 선호하고 물을 저장하는 조직이 잘 발달해 있지 않아 건조에 버티는 힘이 약하다. 난 키우기가 어렵다고 하는 건 주로 동양란이라 불리는 미니 심비디움의 이런 특성 때문이라고 여겨진다.

착생란 카틀레야의 줄기와 잎은 마치 다육식물처럼 두꺼운 저장조직이 발달해 있다.

# 식물의 꽃이 하는 말

식물상담

삭막한 도시를 거닐다 꽃을 만나는 일이 늘고 있습니다. 지자체마다 조경에 신경을 쓰고 노력한다는 증거이지요. 때로는 무심하게, 때로는 각을 맞춘 듯 자라는 꽃을 보다 보면, 그게 어떤 모습이든 마음이 따뜻해지곤 합니다. 꽃은 무늬가 있거나 색깔이 예쁜 관엽식물만으로는 충족할 수 없는 매력을 가지고 있지요. 하지만 화려하게 피는 꽃을 실내 공간으로 들이려면 관엽식물과는 또 다른 관리법을 알고 있어야 합니다.

# 빛이 없으면
# 꽃도 없다

봄이 되면 많은 분들이 꽃피는 화분을 찾아 〈가드너스와이프〉를 방문합니다. 봄 기분을 느끼고 싶은 마음이겠지요. 그런데 그분들에게 어디에서 꽃 화분을 키울 것인지 물어보면 대부분 책상 위, 거실, 심지어 침실 같은, 꽃이 피기에 빛이 충분하지 않은 공간을 언급하는 경우가 많습니다.

식물이 꽃을 피우는 데에는 탄소(C)의 힘이 필요하고, 잎을 늘리는 데에는 질소(N)의 힘이 필요합니다. 그리고 탄소가 생기려면 탄소동화작용, 즉 광합성이 필수적입니다. 꽃을 오래 보고 싶거나 매달 혹은 매년 다시 꽃대가 올라오는 모습을 보려면 오전, 오후 최소 2만~3만 럭스 이상의 풍부한 빛이 들어오는 실내 공간이 필요한데, 식물체 내에 광합성으로 만들어진 탄소(C)가 질소(N)보다 클 때 꽃눈이 원활히 만들어지기 때문입니다. 물론 식물이 속한 그룹에 따라 혹은 식물의 원산지에 따라 온도, 물, 영양상태 등 개화를 촉진하는 다양한 요소들이 있지만 그 모든 것들은 빛이라는 기본 조건이 갖추어진 다음에 영향을 주는 요소들입니다.

> **TIP** 꽃이 피는 데 영향을 미치는 탄소와 질소의 비율
>
> 식물의 개화에는 식물체 내의 탄소와 질소 비율이 영향을 미친다. 이를 탄질율(C/N)로 알아볼 수 있는데, 탄질율은 잎에서 광합성을 통해 만들어진 탄소(탄수화물)와 뿌리에서 흡수하는 질소 사이의 비율을 가리킨다. 탄질율이 1보다 크면(C/N>1) 개화가 촉진되고, 1보다 작으면 (C/N<1) 잎과 줄기의 성장이 촉진된다.

1 하와이 자귀나무 2 노랑아카시아(아카시아 스펙타빌리스) 3 서향동백

## 오래가는 꽃은 따로 있다

베란다에서 키우는 식물 중 온대기후 출신의 식물들은 봄, 여름, 가을, 겨울을 느낄 수 있는 곳에서 주로 봄에 한 번 개화를 합니다. 우리나라 꽃 축제가 봄에 집중되어 있는 이유이기도 하죠. 1년에 열흘 정도 가는 꽃을 보기 위해 350일 이상 공을 들여야 합니다.

만개한 백화등

반면 아열대기후나 난대기후 출신의 식물 가운데는 꽃 하나하나의 수명은 길지 않지만 햇빛과 온도라는 조건이 맞춰지면 지속적으로 꽃대를 올리는 식물들이 있습니다. 바로 남아프리카 원산의 제라늄, 남미 원산의 베고니아 같은 식물입니다. 온대기후 출신 식물은 추위를 겪으면서 꽃눈이 생기지만, 이 식물들은 햇빛의 양, 즉 일조량에 비례해서 꽃눈이 분화됩니다.

1년 내내 온난한 기후라는 조건에서는 다양한 식물들이 끊임없이 성장하기에 성장을 위한 치열한 경쟁이 펼쳐지지요. 그래서 햇빛이 주어지는 순간에 빨리 꽃을 피우고 씨앗을 맺도록 진화한 것입니다. 그 결과 햇빛이 잘 드는 남향의 베란다나 거실 같은 축복받은 환경이라면 베고니아와 제라늄이 끊임없이 꽃대를 올리는 모습을 볼 수 있습니다. 제라늄은 과습과 여름철의 높은 습도, 베고니아는 환절기의 급격한 온도 변화와 추위만 주의하면 키우는 재미와 나눔의 기쁨까지 가져다 줍니다.

> **(TIP) 꽃을 피우려면 스트레스를 받아야 하는 식물**
>
> 온대기후 출신 식물들의 경우 씨앗이 발아하거나 꽃이 피기 위해서는 종류에 따라 2~4개월 이상 10도 이하의 저온을 겪어야 하는데, 이를 '휴면타파'라고 한다. 우리나라에 자생하는 대부분의 식물과 가을에 심는 구근식물(수선화, 튤립, 히아신스) 등이 이에 해당한다.
>
> 오래전 최신 주상복합 아파트로 이사해 3년간 동백꽃을 전혀 보지 못하자, 새 아파트를 헐값에 팔고 분리된 베란다가 있는 낡은 아파트로 이사해 동백꽃을 피운 분의 책을 읽은 적이 있다. 고故 김동암 박사는 그렇게 피워낸 동백 화분으로 전시회를 열기도 했다. 한편, 건조나 저온을 겪어야 개화가 촉진되는 일부 난과 식물(착생란, 지생란)에도 유사한 메커니즘이 작동한다. 단, 저온의 개념은 해당 식물의 원산지에 따라 상이하다.

베고니아의 꽃

✽ 식물 상담 ∨

# 몬스테라의 꽃이 궁금한가요?

앞서 설명했듯 꽃은 식물의 번식에 필수적입니다. 그래서 꽃을 안 피우는 식물은 없습니다(양치식물과 선태식물은 예외이지요). 그런데 실내에서 많이 키우는 고무나무, 몬스테라, 싱고니움, 드라세나 등의 식물에서는 왜 좀처럼 꽃을 보기 어려운 것까요?

열대 관엽식물인 몬스테라의 씨앗과 꽃

## 꽃을 보기 힘든 식물들

이는 식물들의 원산지 특성과 관계가 깊습니다. 사계절이 뚜렷한 우리나라와 달리 남미, 동남아시아, 아프리카의 열대우림 등 열대, 아열대기후 지역은 춥고 배고픈 겨울이 존재하지 않습니다. 그만큼 식물이 자랄 때 경쟁자의 위협이 크지 않고, 생명의 위기를 느낄 일이 많지 않다는 뜻입니다.

온대기후의 식물들은 매년 춥고 건조한 겨울을 나면서 생명의 위기를 느끼기에 내년에 혹시나 더 힘든 겨울이 올 것을 대비해 꽃을 피우고 씨앗을 만드는 노력을 합니다. 반면, 늘 따뜻하고 물이 충분히 공급되는 지역에서 안정적으로 자라는 식물들은 꽃을 잘 피우지 않거나 몇 년에 한 번 정도 개화하곤 합니다. 꽃을 피운다고 하더라도 눈에 잘 띄지 않는 꽃을 짧게 피우고 떨궈버리는 경우가 많습니다.

> **TIP 꽃이 피는 빈도로 식물에게 적정한 환경을 알 수 있다**
>
> 겨울이 명확히 있는 온대기후 출신 식물들은 꽃눈 준비기(화아분화기)와 꽃이 피는 개화기가 명확히 있고, 휴면을 한다. 따라서 꽃은 1년에 한 계절만 볼 수 있다. 반면 1년에 두 계절 이상 꽃이 피는 식물은 대부분 아열대기후 출신들로, 최저기온 영상 15도 미만의 장소에서는 겨울을 나기가 어렵다. 즉, 연중 꽃이 피는 식물은 추위에 약하며, 우리나라에서 노지 월동도 불가능하다. 그런 식물을 겨울에 키울 때는 햇빛이 들어오는 베란다보다는 따뜻한 거실로 들여온 후 식물생장등을 이용해서 빛을 제공하는 것이 좋다.

## 꽃을 피우면 모체가 죽는 식물

착생식물 중 아나나스류에 속하는 식물은 특이한 형태의 잎과 특이한 색상의 꽃(사실은 꽃받침) 덕분에 일반적인 꽃화분과는 다른 독특한 매력을 가지고 있습니다. 게다가 그 아름다움이 오래 유지되어 선물용 화분으로도 인기가 높지요. 아나나스류의 대표적인 식물로는 틸란드시아와 에크메아가 있는데, 둘 다 은빛 털로 덮인 잎과 화려한 꽃(꽃받침)이 특징이지요.

틸란드시아의 개화 전 - 개화 중 - 만개 모습

그런데 만개하고 한두 달 뒤, 꽃이 지고나서 꽃대만 마르는 게 아니라 식물까지 잎 끝부터 말라 들어가는 모습에 놀라는 경우가 많습니다. 식물이 마르면 보통은 물이 부족한 줄 알고 물을 더 주게 되는데 이는 생명을 더 단축시킬 뿐입니다.

나무에 착생하는 아나나스류는 광합성과 빗물 속의 미미한 질소 성분 외에는 양분을 섭취할 수 있는 방법이 거의 없습니다. 꽃이 피고 수정이 되면 씨앗을 날려보낼 수는 있지만 그 씨앗이 성공적으로 다른 나무에 안착되었는지 알 수 없는 상황에서 종족 번식이라는 강렬한 본능은 모체가 몸을 내어주는 극단으로 이어집니다. 즉, 씨앗을 퍼트림과 동시에 몸을 내어주고 새로운 개체들이 모체의 양분을 흡수하며 자라납니다. 어찌 보면 무시무시한 과정을 통해 종족 번식의 극대화를 꾀하고 있는 것입니다.

이들뿐 아니라 화려한 꽃을 피우는 착생란(서양란) 대다수도 비슷한 전략을 구사합니다. 그래서 한번 꽃이 핀 촉은 다시 꽃을 올리지 않고 서서히 말라가며, 옆에서 작년 촉의 양분을 흡수하는 새로운 촉이 올라와 이듬해 꽃을 피우게 됩니다.

한편, 용설란이라고도 부르는 아가베속 식물의 경우 모체보다 수십 배가 큰 엄청난 꽃을 피운 후 식물 자체가 죽거나 상태가 나빠지는 경우가 많습니다. 용설란은 언론을 통해 100년에 한 번 꽃을 피우는 희귀한 식물로도 알려져 있는데, 지난 20여년간 제가 용설란이 개화하는 것을 본 것만 최소 열 번 이상이니 과장이 섞여도 너무 섞인 게 아닌가 싶습니다.

아가베 아테누아타가 개화한 모습. 엄청나게 큰 꽃을 피운 뒤 모체는 죽어간다.

**TIP 호접란에서 꽃을 보는 방법**

호접란은 각 가정이나 사무실에서 흔히 볼 수 있는 식물이다. 선물을 받았을 때는 분명 예쁜 꽃을 달고 있었는데 1~2개월 후 꽃은 사라지고 잎만 남는다. 그 뒤로는 아무리 물을 줘도 좀처럼 꽃이 올라오지 않는다. 그럴 때는 꽃이 달려 있던 꽃대까지 모두 제거하고 양지 바른 곳에서 2~3개월을 드문드문 물을 주며 내버려 두자. 잎이 성장하면서 양분을 다시 모을 시간을 주는 것이다. 이후 서늘한 가을이 오면 아래와 같은 조건을 만들어준다.

1. 하루에 5~6시간 이상, 반양지 이상의 조건(1만~2만 럭스)으로 빛을 준다. 일반적인 가정의 남향, 동남향, 남서향 베란다가 이 조건을 충족하며, 빛이 부족한 환경이라면 식물등을 이용해도 좋다.
2. 1년에 30~60일 정도, 저녁 온도가 15도 이상이면서 낮과 밤의 온도가 10도 이상으로 벌어지는 공간에서 평소보다 물 주는 주기를 길게 한다(물 부족은 생명의 위기를 느끼게 하고 그로 인해 꽃눈 분화가 촉발된다).
3. 꽃눈이 생기고 꽃대가 길게 나오는 것을 확인하면 온도가 따뜻하게 유지되는 곳으로 옮긴 후, 물 주는 주기를 정상적으로 되돌린다. 꽃눈은 1~2개월 정도 부풀어 오른 후 개화를 시작한다.

## 알아두면 좋은 식물 분류법:
## 계, 문, 강, 목, 과, 속, 종

⌄

가드닝이 유행하면서 매년 새로운 식물이 시장에 쏟아져 나오다 보니 적당한 시장명이나 우리말 이름을 찾지 못하고, 대신 가드닝계의 공통 언어라 할 수 있는 라틴어 학명에 기대 말할 수밖에 없는 일이 종종 벌어집니다. 가드너스와이프에서도 발음도 어려운 라틴어 학명을 줄줄 외우며 원하는 식물을 수소문하는 분들을 만난 적이 있지요.

라틴어 학명은 식물 분류법을 따르는데, 대중적인 실내 식물 중 하나인 큰 잎을 가진 무늬 없는 몬스테라 델리시오사(Monstera deliciosa), 시장에서는 '대왕몬스테라'라고 불리는 식물을 예로 들어 분류법을 알아보면 다음과 같습니다.

| 계(Kingdom) | 식물 |
|---|---|
| 문(Divison) | 속씨식물 |
| 강(Class) | 외떡잎식물 |
| 목(Order) | 천남성목 |
| 과(Family) | 천남성과 |
| 속(Genus) | 몬스테라(Monstera) |
| 종(Species) | 델리시오사(deliciosa) |

식물 상담 ⌄

이 길고 긴 이름 가운데 속명과 종명을 합해 '몬스테라 델리시오사'라고 부르는데, 이렇게 '속명+종명'으로 학명을 부르는 것을 '이명법'이라고 합니다. 18세기 생물학자인 린네가 정립한 이래 전 세계적으로 사용하고 있는 명명법이지요.

이명법에서 식물의 속명은 사람으로 따지면 성씨, 종명은 이름에 해당하기 때문에 속명이 동일하다면 해당 식물들은 유사한 특성을 가지는 경우가 많습니다. 몬스테라라는 속명은 거대하고 구멍이 나 있는 특이한 형태에, 델리시오사라는 종명은 영어로 'delicious', 즉 (구워먹었을 때) 맛있는 열매를 뜻합니다.

이처럼 라틴어 학명을 공부해서 속명이나 종명의 뜻을 알면 그 식물의 외형, 향기, 색상 등에 관한 정보를 얻을 수 있다는 장점이 있습니다. 하지만 몬스테라 델리시오사처럼 우리가 알고 있는 영어 단어와 유사해서 유추할 수 있는 경우는 그리 많지 않으며, '펠리오니아 리펜스(Pellionia repens)'처럼 그 의미를 거의 알아차리기 힘든 경우가 대부분입니다. 참고로, '펠리오니아(Pellionia)'는 이 식물을 19세기에 발견한 프랑스의 군인 펠리옹(A. Pellion)의 이름에서 유래한 속명이고 '리펜스(repense)'는 '기다(creeping)'라는 뜻입니다.

펠리오니아 리펜스

전문 연구자가 아니고 취미로 가드닝을 즐기는 정도라면 시장에서 불리는 유통명(시장명)을 사용해도 무방하고, 좀 더 깊이 공부하고 싶다면 성씨에 해당하는 속명 정도만 알아도 충분합니다.

스웨덴의 린네박물관 정원. 생물 분류학의 아버지라 불리는 린네가 실제 식물을 연구하고 관리했던 정원을 당시 기록을 토대로 복원했다.

*LESSON 4*

✺

**이것만 알면
초보 가드너 탈출!**

⌵

*Gardening School*

## 실패하지 않는 흙 선택법

식물 상담

식물과 화분을 구입하고 직접 분갈이를 하기 위해 인터넷을 검색하다 보면 수많은 브랜드의 제품을 만날 수 있습니다. 관엽식물용, 다육식물용으로 구분되어 있기도 하고, 이 흙과 저 흙을 섞어 써야 한다는 복잡한 설명을 덧붙인 제품도 있습니다.

초보 가드너로서 어떻게 해야 할지 막막하기만 합니다. 이럴 바에야 직접 보고 사는 게 낫겠다 싶어 근처 가드닝숍에 가보니 '원예용상토'라고 부르는 흙을 판매하고는 있지만, 배합 비율에 따라 저마다 다른 흙을 보여줍니다. 이렇게 선택지가 많으니 분갈이를 하려는 식물에 맞는 '최고의 흙'을 찾아야만 할 것 같은 강박이 생기고, 머릿속은 더 복잡해집니다.

# 실내 가드닝에 사용하는
# 인공혼합토의 모든 것

실내 가드닝을 할 때 사용하는 분갈이 흙은 자연 그대로 존재하는 흙이 아닌, 인공적으로 배합한 토양입니다. 자연에서 마음대로 흙을 퍼온다면 환경에 해로운 영향을 끼칠 뿐 아니라 흙 속에 존재하는 다양한 벌레와 균, 잡초 씨앗까지 집 안으로 들여오는 셈이기 때문에 자연 그대로의 흙이 아닌, 자연의 흙과 유사한 성격을 지니는 비율로 배합한 인공 토양을 실내용 원예용상토로 만들어 사용하고 있습니다. 이러한 분갈이 흙은 배양토, 혼합토, 원예용상토 등으로 다양하게 불립니다.

### 지역의 토양 특성을 반영한 원예용상토

혼합토에 들어가는 재료는 해당 지역에서 쉽게 구할 수 있는 것들을 주로 사용합니다. 따라서 인공적으로 만드는 원예용상토는 그 성분이 국가나 지역에 따라 다르고 그곳에 분포하는 원예 식물의 종류에 따라 또다시 달라집니다.

예를 들어 화강암을 기반으로 하는 토양의 분포가 많은 우리나라는 마사토(가는 모래를 뜻하는 일본식 표현)와 같은 다소 묵직한 토양을, 화산활동이 활발한 일본 같은 경우는 화산암을 기반으로 하는 경량 토양을 주로 사용합니다. 그리고 나무에 착생하는 식물이 많은 남미, 동남아시아 일부 지역의 경우는 나무껍질(코코칩, 바크)이나 수태 같은 용토를 이용하기도 합니다.

일본에서 수입한 토양과 이를 배합한 토양. 과거 일본 책을 번역한 가드닝 서적이 주를 이루었을 때, 적옥토, 녹소토, 동생사 등 일본에서 생산되는, 국내에서는 낯선 흙이 소개되기도 했다. 이 흙들의 장점을 모아 배합한 토양은 여전히 야생화 및 분재용으로 많이 사용된다.

### 원예용상토의 구성

흙의 성분이 국가와 지역에 따라 다르다고 할지라도 전 세계적으로 어느 정도 공통으로 사용하는 원예용상토는 존재하며 다음과 같은 특성이 있습니다.

**성격**
- 주로 (아)열대 지방 출신의 식물들을 키우는 데 적합한 배합
- 병충해가 없도록 살충, 살균된 인공용토

**구성**
- 물을 흡수하는 용토(피트모스, 코코피트), 배수용 용토(퍼라이트, 마사토), 중간적 성격의 용토(버미큘라이트)를 배합해 배수와 보수가 적절히 이루어지도록 만든 혼합토양
- 착생식물의 경우 나무껍질인 바크, 살균한 물이끼를 이용한 수태를 사용

### 원예용상토를 구성하는 흙의 종류

- **피트모스**: 습지식물이 부식된 토양으로, 가볍고 보수력이 좋다. 단, 미량의 질소를 제외하면 비료 성분이 거의 없고 강산성이라 산도 조절이 된 것을 사용하는 게 좋다. 한 번 마르면 다시 물을 잘 먹지 못한다.

- **코코피트**: 코코넛 열매껍질을 분쇄해서 만든 재료로, 단가가 저렴해 피트모스를 대체하는 재료로 많이 사용된다. 기성품 원예용상토의 경우 대부분이 피트모스보다 코코피트 함량이 더 높은 걸 쉽게 발견할 수 있다. 염분 문제가 있고 피트모스와 달리 시간이 지남에 따라 분해되어 없어지는 재료로, 화분 속의 흙이 시간이 지날수록 줄어드는 원인이기도 하다.

- **퍼라이트**: 화산암인 진주암을 고온으로 처리하고 분쇄한 무균의 가벼운 약산성 소재로 배수와 통기성이 뛰어나서 원예용상토 구성에 빠지지 않는다. 배수용으로 사용하는 마사토나 난석보다 가볍고 저렴한 장점이 있지만, 물을 줄 때 떠오르거나 힘을 가하면 부서지고, 미세 분진이 발생하기 때문에 집 안에서 사용할 경우 특히 주의가 필요하다.

- **버미큘라이트**: 질석을 고온고압으로 팽창시켜 만든 무균의 광물성 중성 토양으로, 가볍고 보수성이 좋다. 원예용상토에 빠지지 않고 들어간다. 실내 가드닝에서 혼합용 토양으로 사용하거나 파종용, 삽목용으로 사용하기도 하지만(양분이 없어서 가능) 가격이 비싼 편이고 대체할 수 있는 재료들이 많다.

- **마사토**: 주로 화강암이 풍화되어 잘게 부서진 흙으로, 화강암이 많은 우리나라에서 쉽고 저렴하게 구할 수 있는 용토다. 3~5mm 정도의 소립 마사토와 6~9mm 정도의 중립 마사토를 많이 사용하는데, 무게가 상대적으로 무거워 원예용상토에 들어가는 재료라기보다는 식재 시 섞거나 마감하는 용도로 주로 사용된다. 마사토에 묻어 있는 흙이 배수를 방해할 수 있으므로 배수층을 만들거나 배수를 돕기 위해 섞어서 사용하는 경우에는 반드시 세척한 마사를 사용해야 한다.

· **난석/혼합난석**: 일본의 지명을 따서 지은 휴가토라는 이름의 제품을 시중에서 주로 '난석'이라고 부른다. 화산암을 가공해서 생산하는 용토로, 과거에는 동양란을 심을 때 주로 사용했지만 요즘에는 관엽식물 식재 시 배수층에 깔거나 배수를 돕는 용도로 원예용상토에 섞어서 많이 사용하고 있다. 다른 수입 용토에 비해 가격이 저렴한 데다 무게가 무겁지 않고 배수가 잘되는 장점이 있다. 반면, 일단 물을 흡수하면 느리게 마르는 특징이 있어 다른 화산석과 혼합한 혼합난석을 쓰기도 한다.

· **바크**: 전나무의 나무껍질을 잘게 부숴서 만든 용토로, 통기성과 보수성이 좋다. 주로 나무에 붙어사는 서양란, 넝쿨식물 등 착생식물의 식재용토로 사용한다. 브랜드에 따라 품질 및 가격 차이가 큰 편이다. 시간이 지나면 잘게 부서지며 분해되는데, 분해되는 과정에서 곰팡이가 생기거나 이끼가 낀다.

· **수태**: 습지에서 자라는 이끼를 채취해서 고온살균 후 사용하는 산성 재료로, 주로 착생식물의 용토로 사용한다. 가볍고 물을 함유하는 능력이 매우 뛰어나지만 통기가 잘되어 건조 속도도 빠른 편이다. 식재용으로만이 아니라 관엽식물의 삽목용, 그리고 베고니아의 잎꽂이용으로도 많이 사용한다. 다른 용토에 비해 가격이 비싸고 한 번 마르면 물을 다시 흡수하기까지 시간이 오래 걸린다. 주로 뉴질랜드산, 칠레산이 국내에서 유통되고 있다.

**TIP  관엽식물과 다육식물에 사용하는 흙은 다르다!**

시중에 판매하는 기성 분갈이 흙의 대부분은 실내 관엽식물용으로 만든 것으로, 만일 야생화나 고산지대 식물, 다육식물을 키운다면 이러한 기성 분갈이 흙에 배수와 열 배출을 돕는 기능성 용토를 혼합하거나 해당 식물의 전용 용토를 구입해 사용해야 한다.

관엽식물에 사용하는 토양과 다육식물, 선인장용 토양은 구성에서 명확히 차이가 난다.

# 원예용 상토에도 '황금비율'이 있을까?

인터넷을 검색하다 보면 실내 가드닝용 분갈이 흙을 만드는 여러 가지 방법을 발견할 수 있습니다. 백 명의 가드너가 있다면 백 가지 배합법이 존재한다고 말할 수 있을 정도로 선택지가 다양하다는 것을 알 수 있지요. 정보의 바다에 빠져 허우적대다 보면 마치 내가 아직 찾지 못한 '최적의 비율'이 있을 것만 같고, 그렇지 않으면 값비싼 수입용토를 구입하는 게 최선인 것 같다는 생각이 듭니다. 그렇게까지 해야 하는 걸까요?

### 기본 비율만 알면 된다

가드너스와이프를 운영하면서 시중에 판매하는 수많은, 평균 이상의 원예용상토를 구매해서 시험해보았습니다. 결과를 말씀 드리자면, 허무하게도 배합법에 따라 실내 식물의 성장에 의미 있는 차이는 없었습니다. 경력이 30년 이상인 실내 가드닝 전문가분들과 토양학 교수님들도 만나봤지만, 그분들 역시 시중에 판매하는 일반적인 원예용상토에 (토양의 통기를 높이기 위해) 한두 가지 배수용토를 섞어 쓰는 조합으로 식물을 잘 키우고 있는 것을 직접 본 뒤로는 더욱 확신하게 되었습니다. 원예용상토의 미세한 차이 따위는 그리 중요하지 않다는 것을 말이지요.

물론 작물을 생산하는 농업 종사자라면, 혹은 야외 정원에 식물을 심는다면 상황은 다릅니다. 농업에서는 토양의 미세한 차이에 따라 수확량과 시기, 그리고 작물의 품질이 달라질 수 있고, 야외 정원에 사용하는 토양은 실내에서 사용하는 토양과 같은 인공토를 사용하면 유실돼버릴 위험이 있기 때문입니다.

하지만 취미로 실내 가드닝을 하는 경우, 흙의 배합 비율에 너무 민감할 필요는 없다고 생각합니다. 식물을 더 건강하게 기르고 싶다면 완벽한 비율을 찾는 일에 골몰하기보다 너무 크지 않은 화분에 배수가 잘되는 흙으로 분갈이를 하고, 그 식물의 원산지와 유사한 환경에서 키우면 됩니다. 2~3개월이 지났을 때쯤 소량의 비료를 주면 금상첨화이고요.

## 토양 배합, 어렵지 않다!

가드너스와이프에서 일반적인 관엽식물의 분갈이를 할 때는 식재토양의 원활한 배수를 위해 원예용상토와 배수용토를 보통 2:1이나 3:1 비율로 섞는다. 이 비율은 분갈이를 하는 화분의 종류와 크기에 따라 조정하는데, 화분의 크기가 기존 것과 비슷하고 단순히 기존 흙을 털어내려는 목적에서 분갈이를 하는 경우에는 원예용상토만으로 심기도 한다.

배수용토는 퍼라이트, 속칭 '난석'(휴가토 혹은 혼합난석), 세척마사(반드시 세척이 된 것 사용) 등 다양하므로 각각의 장단점을 고려해 기호에 맞게 혼합한다. 배수용토의 무게는 퍼라이트, 난석, 세척마사 순으로 가벼우며, 퍼라이트는 배수용 대립, 난석과 세척마사는 소립과 중립을 이용한다.

### 배수용토의 종류별 장단점

|  | 장점 | 단점 |
| --- | --- | --- |
| 퍼라이트 | 저렴하고 가볍다.<br>배수가 원활하다. | 물을 주면 위로 떠서 분포가 위로 집중된다.<br>분진이 심하다.<br>장기적으로는 부서진다. |
| 난석(휴가토) | 적당히 가볍다.<br>배수가 원활하다. | 일단 물을 먹으면 증발이 느리다.<br>일본 수입제품으로 가격이 상대적으로 비싸다. |
| 세척마사 | 저렴하다.<br>구하기 쉽다. | 무겁다. 세척이 완벽히 안 된 경우도 있다.<br>분갈이를 할 때 뿌리가 털리는 경우가 많다. |

(주의) **원예용상토와 배수용토의 기본 비율을 지켜야 하는 이유**

물을 붙잡는 성격을 지니는 피트모스, 코코피트 등은 토양 속의 양분을 흡수한 후 뿌리로 전달하는 역할을 한다. 과습을 피하기 위해 배수용토나 다른 혼합 재료를 많이 사용해 흙의 배수 기능을 과도하게 높일 경우 오히려 양분이 유실되어 식물이 제대로 자리지 못하는 경우가 발생할 수 있으니 주의하자.

## 같은 흙도 사용하기 나름

식물을 키우다 보면 번식에 대한 욕구가 자연스레 생깁니다. 잘 키운 식물을 주위에 나눠주고 싶은 마음도 생기지요. 가위로 자른 줄기를 물에 꽂거나(물꽂이), 토양에 꽂아 뿌리가 나기를 기다립니다. 인터넷을 찾아보면 번식을 할 때는 통기성이 좋고 비료 성분이 없는 용토를 사용해야 하니 무비상토(비료 없는 상토)나 펄라이트, 버미큘라이트를 쓰는 게 좋다고 합니다. 꺾꽂이 몇 개를 하기 위해 또 새로운 삽목용 토양 한 포대를 사야 하는 걸까요?

다시 말하지만 취미로 가드닝을 하는 경우라면 굳이 그럴 필요가 없습니다. 시중에 판매하는 원예용상토에는 기본적으로 비료가 그리 높은 농도로 들어가지 않기 때문에 원예용상토와 배수용토(펄라이트, 난석, 세척마사)를 1:1이나 1:2 비율로 혼합하는 것만으로도 충분히 삽목에 성공할 수 있습니다. 심지어 원예용상토에 그냥 꽂아도 사는 경우가 많습니다. 그럼에도 굳이 삽목용 흙을 사고 싶다면 압축상토 펠렛 제품(160쪽 참조)과 삽목용 흙을 비교해서 목적에 맞는 것을 구매하면 됩니다.

또한 토양의 산도에 대해서도 궁금해하는 분들이 많은데 대부분의 실내 식물들은 약산성, 중성 토양에서 잘 자랍니다. 실내 식물용 원예용상토가 pH 5.5~7로 생산되는 것도 비슷한 맥락인데, 좀 더 깊이 들어가자면, 식물이 가장 많이 소비하는 속칭 비료의 3요소인 질소(N), 인(P), 칼륨(K)의 흡수가 이 범위에서 가장 활발하기 때문입니다. 단 블루베리, 동백, 철쭉, 소나무 같은 식물은 철분(Fe)을 좋아하므로 철분의 흡수가 원활한 pH 4~5 정도의 산성 토양을 사용하는 것이 좋습니다. 토양의 산성도에 따라 꽃 색깔이 바뀌는 수국의 경우 푸른색 꽃이 피게 하고 싶으면 알루미늄(Al)이 필요하므로, 이 경우에도 산성 토양을 사용합니다. 토양의 산성도를 직접 조성하느라 고민하기보다 시중에 나와 있는 기성품을 이용하는 것을 권합니다.

> **TIP 남은 흙은 어떻게 보관해야 할까?**
>
> 원예용상토의 주성분인 피트모스, 코코피트는 식물에서 기원한 것이다 보니(피트모스는 습지식물이 오랜 세월 분해된 것, 코코피트는 코코넛야자 열매의 부산물) 한 번 말라버리면 물에 둥둥 뜨고 다시 물을 먹기까지 오랜 시간이 걸린다. 그렇다고 축축하게 젖어 있으면 보유하고 있는 유기물로 인해 곰팡이가 피는 원인이 되기도 한다. 따라서 흙은 가능하면 소포장된 것을 구매한 후 통기가 잘되는 음지에 보관하고, 제조일이 오래 지나 말라버렸다면 큰 통에 넣은 후 물을 천천히 뿌려 저어가며 물을 흡수시켜 사용하자(이는 매우 번거로운 일이므로 개인적으로는 새 흙을 구입하는 것을 권한다).

말라버린 피트모스는 돌처럼 딱딱해지고 부숴서 쓴다고 해도 물을 흡수하는 데 오랜 시간이 걸린다. 사진 속 피트모스는 물병에 넣은 지 여섯 시간이 지났지만 물을 거의 먹지 못하고 있다.

## 실패하지 않는 분갈이

✳︎ 식물 상담 ⌄

# 분갈이 전
# 이것만은 꼭 확인하자

화분에 식물을 옮겨 심는 건 늘 긴장되는 일입니다. 특히 한 번도 분갈이를 하지 않은 초보자라면 두려움이 앞설 수밖에 없지요. 가드너스와이프에도 분갈이 후 잘 자라던 식물의 상태가 나빠졌다고 수심이 가득한 얼굴로 찾아오는 손님들이 있습니다. 실내 가드닝에서 분갈이에 대한 두려움만 덜 수 있다면 큰 산을 넘은 셈입니다. 본격적인 분갈이에 들어가기 전에 먼저 확인해야 할 사항들을 알아봅시다.

일반적으로 식물의 뿌리가 화분의 배수구로까지 삐져나오면 분갈이 할 시점이다. 단, 기근이 길게 나오는 넝쿨식물(싱고니움, 필로덴드론 등)의 경우에는 화분 아래로 기근이 뻗는 경우가 있어 판단하기 힘들 수도 있다.

### 분갈이가 필요한 시기

· 식물의 잎과 줄기가 화분에 비해 지나치게 커졌을 때
· 물을 줄 때 물이 화분에 머무르지 못하고 바로 빠져나올 때(뿌리가 가득 차서 토양이 남아 있지 않다는 뜻)
· 분갈이를 한 지 1~2년이 지났을 때
· 식물의 잎이 전체적으로 노랗게 변했을 때(비료를 줘도 녹색으로 바뀌지 않을 경우)

### 분갈이 하기 좋은 계절이 따로 있을까?

무덥지 않고 선선한 봄이나 가을이 분갈이 하기에 적합한 계절이라고 많이들 이야기합니다. 뜨거운 한여름은 분갈이 직후 증산작용이 너무 활발하게 일어날 수 있기 때문에, 겨울은 분갈이 직후 식물이 저온으로 인한 피해를 입을 수 있기 때문에 피하는 게 좋다는 것이지요. 하지만 실내 온도가 20도 이상으로 유지되는 경우라면 계절에 상관없이 분갈이를 할 수 있습니다.

오히려 주의해야 할 시기는 따로 있습니다. 식물이 꽃을 피우고 있을 때는 뿌리를 잘못 건드려 식물이 스트레스를 받으면 꽃이 떨어지는 원인이 될 수 있으므로 가능하면 꽃이 질 때까지 기다리고, 어쩔 수 없이 분갈이를 해야 하는 상황이라면 뿌리를 최대한 건드리지 않도록 주의합니다. 또 온도 변화가 심한 베란다 같은 공간에서 부득이하게 분갈이를 해야 하는 상황이라면 이 경우에도 기존의 뿌리를 최대한 건드리지 않는 범위에서 작업해주세요.

### 화분과 토양 선택법

화분은 기존에 사용 중인 화분보다 20~30퍼센트 정도 큰 사이즈의 화분을 선택하면 됩니다. 토양은 앞에서 설명한 식재용토양 배합 비율(130쪽)을 참고하되 관엽식물용, 다육식물용으로 나와 있는 기성품을 사용해도 무방합니다. 단, 부득이하게 기존 화분보다 30퍼센트 이상 큰 화분을 사용할 수밖에 없는 경우에는 화분 크기에 비례해서 배수토양(펄라이트, 난석, 세척마사 등)의 비율을 높여줍니다.

> **TIP** 분갈이 하는 화분의 크기도 중요하다
>
> 기존 화분보다 50퍼센트 이상 커지는 경우, 뿌리가 과습이나 통풍 불량으로 피해를 입을 수 있다. 빨리 키우고 싶은 마음에, 혹은 마땅한 사이즈의 화분이 없다는 이유로 지나치게 큰 화분을 선택하는 건 권하지 않는다.

# 분갈이, 어렵지 않아요

### STEP 1 배수망으로 물구멍 막기

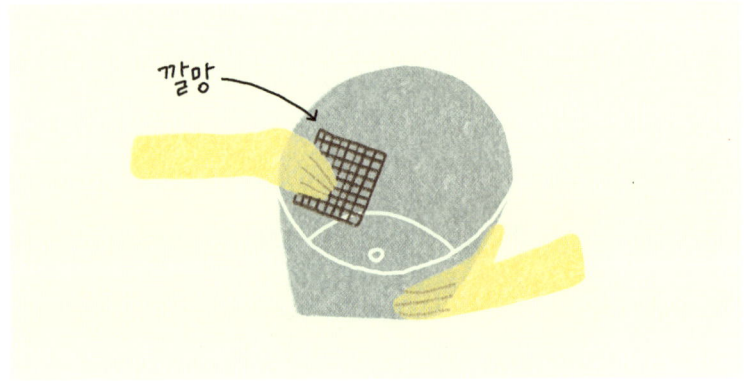

배수망(깔망)은 토양의 유실을 막고, 외부로부터 곤충의 유입도 막아줍니다. 배수망의 크기는 배수 구멍에 딱 맞추지 말고 충분히 큰 사이즈로 준비합니다.

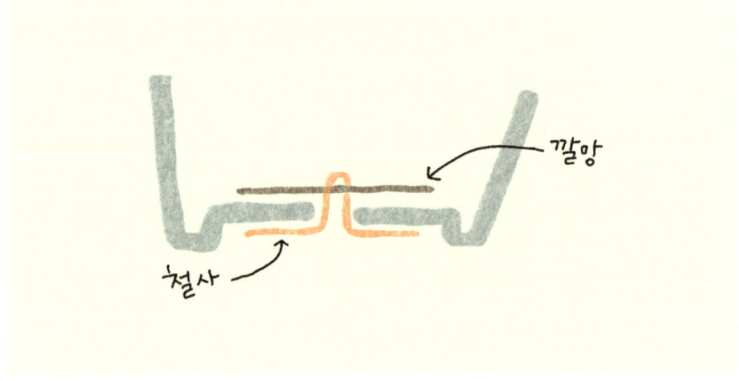

큰 화분이나 바닥이 고르지 않은 화분의 경우 심는 과정에서 배수망이 움직이는 경우가 있으므로 가는 철사를 이용해 U자 형태로 잡아주는 것이 좋습니다.

### STEP 2 배수층 깔기

과습을 예방하고, 물 배출을 용이하게 하기 위해 배수층을 깔아줍니다. 세척한 마사(중립, 소립)나 난석(휴가토)을 주로 사용합니다.

배수층을 만들 때는 절대적인 수치에 기대기보다 분갈이 하는 식물 포트를 기준으로 가로와 높이가 20~30퍼센트 늘어난 공간을 남겨둔 뒤, 그 이외의 아래 공간은 모두 배수층이라고 생각하면 됩니다.

> **TIP) 배수층을 만들 필요가 없는 경우**
> ∨ 분갈이하는 화분의 크기가 크지 않아 과습의 위험이 적을 경우
> ∨ 작은 배수 구멍이 여러 개 뚫려 있는 화분(주로 플라스틱화분)에 분갈이를 할 경우

### STEP 3 토양의 선택

앞서 설명한 토양 배합 방법(130쪽)을 참고해서 식물에 맞는 토양을 준비합니다.

## STEP 4 식물과 기존 화분 분리하기

식물을 화분에서 빼낼 경우 화분 내부의 상황을 전혀 알 수 없으므로 식물이 받을 충격을 최소화하면서 분리합니다.

· **연질 플라스틱 화분**: 아래쪽 경계 부분을 살짝 누르면서 식물을 빼냅니다.

· **경질 플라스틱 화분**: 식물이 뿌리를 다 내려서 잘 빠지지 않는 데다가 딱딱한 플라스틱이라 손으로 누를 수도 없다면 식물을 한쪽 손으로 잡아 살짝 들어올린 다음 화분 윗부분을 고무망치나 주먹으로 툭 쳐서 빼냅니다(이 방법은 플라스틱 화분 안에 뿌리가 충분히 뻗어 있는 경우에 한하여 사용합니다).

- **토분이나 도자기 화분**: 화분과 흙의 경계 부분을 원예용 삽이나 무딘 날의 빵칼을 이용해서 벌린 뒤, 화분벽으로부터 뿌리를 분리합니다. 오랫동안 분갈이를 하지 않은 경우, 뿌리가 화분 벽에 달라붙어 쉽게 빠지지 않아 기존 화분을 깨서 식물을 빼내야 할 수도 있습니다. 이때는 투명한 랩으로 화분을 충분히 감싼 다음 고무망치로 화분을 내리치세요. 파편이 튀지 않고 뿌리에 충격을 최소화하면서 빼낼 수 있는 방법입니다.

### STEP 5 뿌리 정리하고 흙 털어내기

식물을 잘 빼냈다면 뭉쳐 있는 뿌리를 정리하고 아래쪽 흙을 위주로 털어냅니다. 화분에 심은 식물의 뿌리는 사방으로 뻗다가 화분벽을 만나면 돌게 되어 있고 회전을 하면서 중력에 따라 아래쪽으로 내려갑니다. 화분벽을 따라 도는 뿌리는 이레쪽 뿌리의 모체 같은 곳이므로 뿌리를 정리할 때는 옆의 도는 뿌리를 터는 게 아니라 아래부터 털어내고 정리합니다. 옆의 도는 뿌리를 과하게 정리하면 분갈이 후 식물이 몸살을 심하게 앓을 수 있습니다.

> **(TIP) 분갈이 몸살을 예방하려면**
> 1. 분갈이 후 잎에 매일 수시로 충분히 분무한다.
> 2. 햇빛이 바로 들어오는 뜨거운 장소는 피하고, 반음지에서 1~2주간 관리한다.
> 3. 기존 흙을 많이 털어냈거나 분갈이 후 식물 잎이 처지는 경우에는 습도 유지가 되는 공간(미니 온실 등)에서 관리하되, 여의치 않다면 비닐을 씌워 증산을 억제한다.(145쪽 참조)

### STEP 6 새 흙으로 화분을 채우기

배수층을 깔고 식재용토를 살짝 넣은 후 식물 포트를 배치합니다. 식재용토로 옆을 채운 후 화분 옆이나 입구를 손으로 툭툭 쳐서 흙이 화분 안에 고르게 자리 잡도록 합니다. 흙이 뿌리 사이로 잘 들어가도록 막대로 흙을 고르게 찔러준 다음 물을 줍니다. 물을 주는 이유는 흙이 내려가 뿌리 사이의 빈 공간에 잘 자리잡게 하기 위해서입니다. 흙이 사이사이로 들어가는 과정에서 부족한 곳이 보이면 흙을 보충한 후 물을 더 줍니다.

### STEP 7 워터스페이스 확보하기

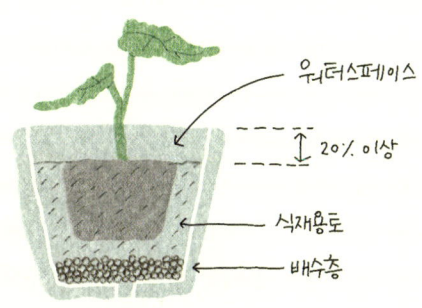

화분에 식물을 심을 경우에는 물이 고였다가 내려갈 수 있는 워터스페이스를 확보해야 합니다. 식재 후 마감하는 화장토까지 고려하더라도 화분 높이의 20퍼센트 정도는 남겨두는 게 좋습니다.

### STEP 8 마감하기

식재용토를 넣을 때 식재하는 식물의 기존 토양 높이보다 높지 않도록 합니다. 식재하는 토양의 위에 덮이는 흙은 뿌리 호흡을 방해할 수 있습니다. 마감하는 화장용토도 최소화합니다. 판매용 상품을 만드는 경우, 물을 줄 때 가벼운 인공용토가 물 위로 뜰 수 있기 때문에 마사토로 마감하고 장식돌을 올리기도 합니다. 그러나 물 주기에 자신이 없는 초보자라면 식재용토가 마르는 것을 두 눈으로 확인하기 쉽도록 위쪽을 마감하지 않고 마무리하는 것을 권합니다. 단 이 경우, 물을 줄 때 용토가 유실될 수 있으므로 흙이 튀지 않도록 더욱 부드럽게 주어야 합니다.

워터스페이스를 확보하지 못해 물이 넘치는 바람에 화분과 잎 뒷면에 흙이 달라붙었다. 이 경우 화분 속의 흙이 줄어들 뿐 아니라 잎 뒷면에 묻은 흙이 질병의 원인이 될 수도 있다.

### TIP 분갈이 후 식물이 몸살을 앓는다면

아무리 조심스럽게 분갈이를 했다 해도 식물은 크고 작은 충격을 받을 수밖에 없다. 특히 분갈이를 하며 뿌리를 정리한 경우 물을 흡수하는 뿌리털이 망가져 최소 1~2주 동안 물 공급이 원활하지 않을 수 있다. 뿌리에서 물을 흡수하지 못하지만 잎은 물을 증산하다 보니 흡수되는 물의 양보다 증발되는 물의 양이 많아져 식물이 힘없이 축 처지고 잎이 떨어지는 현상이 일어난다. 이럴 때는 물을 준 다음 식물에 투명 비닐봉지를 둘러 증산을 억제하면 몸살을 최소화할 수 있다. 비닐로 식물을 완전히 밀봉하는 게 가장 좋지만 충분한 사이즈의 비닐이 없다면 윗부분이라도 덮어주자.

온실이 있으면 좋지만, 없다면 투명이나 반투명 비닐봉투를 이용한다. 적당한 비닐봉투를 구하기 힘들다면 큰 사이즈의 지퍼백을 이용해도 좋다.

## 어떤 화분이 좋은 화분일까?

실내 가드닝에서 화분은 식물을 담는 집입니다. 가드닝 문화의 발전 정도를 가늠할 때 식물뿐 아니라 화분의 다양성을 고려하는 것도 이 때문입니다. 1990년대 원예 강국인 일본과 유럽을 다니면서 부러워했던 멋진 화분, 플랜터들을 이제는 우리나라에서도 쉽게 찾을 수 있게 되었습니다. 더 나아가 'K-화분'이라는 유행어를 만들어낼 정도로 크고 작은 제조업체들이 다양한 디자인의 화분을 쏟아내고 있지요. 가드너스와이프 역시 2011년부터 국내에서 화분을 자체 생산하기 시작했고, 고화도 토분과 유약분 등 다양한 라인업을 갖추고 있습니다.

가드너스와이프의 다양한 자체 생산 화분

### 식물은 토분에만 심어야 할까?

화분은 소재에 따라 크게 백토로 만든 도자기 화분(세라믹), 점토로 만든 토분(테라코타), 플라스틱 화분, 강화플라스틱(FRP) 혹은 플라스틱에 돌가루가 들어간 복합소재 화분으로 나눌 수 있습니다. 이 외에도 목재 화분, 금속 화분 등 새로운 소재들이 시도되고 있어 소비자 입장에서는 선택의 폭이 넓어졌지요.

그렇다면 식물은 어떤 화분에 심으면 가장 잘 자랄까요? 물 증발이 빠른 토분에 심어야만 식물이 잘 자란다는 세간의 말은 사실일까요? 유약이 발라져 있지 않고 상대적으로 낮은 온도에서 구워내는 토분의 경우, 물이 빨리 증발되어 초보자들이 주로 겪는 과습의 피해를 줄일 수 있습니다. 하지만 화분 속에 물이 머무는 시간이 짧다 보니 자칫 물 주는 시기를 놓치면 식물이 위험해질 수도 있지요. 특히 한번 마르면 다시 물 먹기가 어려운 피트모스, 코코피트가 들어간 원예용 식재토양을 사용한 경우 토분 안에서 물 증발이 너무 빨리 일어나 완전히 말라버리면 다시 물 흡수가 원활히 되지 않을 수도 있습니다.

반대로 도자기 화분 같은 경우는 물이 화분벽을 통과하기 힘들기 때문에 물 증발 속도가 토분보다 느립니다. 유약이 두껍게 발라져 있는 도자기 화분의 경우, 한여름에 외부에 둬서 강한 햇빛을 받으면 화분 자체의 온도가 올라가 일부 예민한 고산지대 식물이나 야생화들은 피해를 입을 수 있습니다(실내 공간일 경우 큰 문제가 되지 않습니다). 반대로 물이 늘 풍부한 아열대나 열대 지방에서 온 식물들, 특히 열대 관엽식물들과 베고니아들과는 궁합이 맞지요. 토분보다 관리가 더 편한 것도 장점입니다.

결국 어떤 소재의 화분에 심느냐보다 얼마나 충분한 빛과 통풍을 제공하느냐가 더 중요합니다. 다만 유약을 바른 화분에 심을 때는 식물 특성에 따라 배수에 도움이 되는 용토를 조금 섞어주세요.

## 식물이 좋아하는 화분과 싫어하는 화분

식물이 좋아하는 화분은 위가 넓고 아래로 갈수록 좁아지는 화분입니다. 화분의 위가 넓을 경우 물이 증발할 수 있는 면적이 그만큼 넓어져 물이 빨리 증발하지요. 또한 아래쪽 공간이 좁으면 물이 머무르는 공간이 많지 않아 과습을 피할 수 있습니다.

반대로 위가 좁고 아래로 갈수록 넓어지는 형태의 화분은 식물이 가장 싫어하는 화분입니다. 물 증발 면적이 좁고 물이 아래쪽에 고여 쉽게 과습이 될 수 있으니까요. 더 큰 문제는 시간이 지나 식물의 뿌리가 화분에 가득 차게 되면 추후 분갈이를 할 때 화분을 깨지 않고서는 식물을 안전하게 옮기기가 힘들다는 것입니다. 화분 턱이 안쪽으로 오므라진 경우(아래 그림 참조)도 마찬가지로 분갈이 시 식물을 빼내기 어렵습니다.

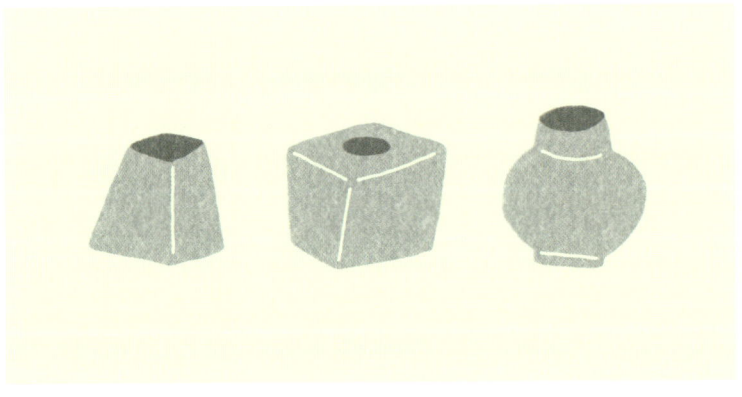

이런 형태의 화분은 식물의 뿌리가 가득 찰 경우 분갈이가 어렵다.

아래로 좁아지는 형태의 가드너스와이프 화분들

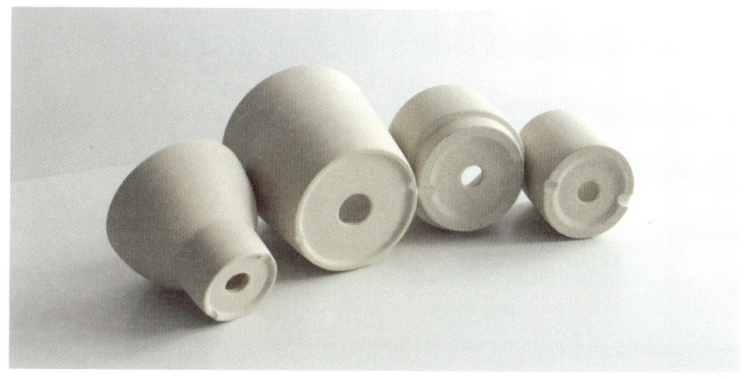

배수구가 큰 화분도 식물이 좋아하는 화분이다.

### TIP 화분 바닥에 스티로폼이 있는데, 식물에게 해가 되지 않을까?

분갈이를 할 때 어쩔 수 없이 이전 화분에 비해 너무 큰 화분을 사용해야 하는 경우, 입자가 큰 자갈이나 난석을 바닥에 채워 배수를 원활하게 하는 것이 좋다. 그런데 이렇게 하면 화분이 너무 무거워지고, 난석이 비싼 만큼 비용도 부담이 된다. 무게와 비용 부담을 덜기 위한 방안으로 고안된 것이 바로 스티로폼을 잘게 부숴 화분 아래에 까는 것이다. 식물은 스티로폼 때문에 죽기보다 흙을 너무 많이 사용하는 바람에 뿌리가 호흡을 못해 죽는 경우가 더 많다.

**실패하지 않는 비료 사용법**

✸
식
물
상
담
˅

식물을 한 화분에 1~2년 키우다 보면 식물의 잎이 전체적으로 노랗게 변하는 걸 보게 됩니다. 무슨 문제가 있나 싶어 물을 더 주고 햇빛을 충분히 쪼여도 상태가 좋아지지 않습니다. 주로 식물에 질소(N)나 철(Fe)이 부족한 경우 이런 일이 발생하는데, 이 원소들은 공기 중이 아닌 자연의 토양 속에 주로 존재합니다.

시중에 판매하는 원예용상토에는 보통 2~3개월 정도 유지할 수 있는 비료 성분이 들어가 있습니다. 분갈이 후 얼마 지나지 않아 이 성분들이 다 소진되고 나면 식물은 빛과 물로 스스로 만들어내는 포도당 외에는 먹거리가 부족해집니다. 이때 비료가 필요한 것이지요.

## 어떤 비료를 선택할까?

### 비료의 주요 성분

질소(N)  식물의 잎과 줄기를 키웁니다. 가장 결핍되기 쉬운 원소로 부족하면 식물이 허약해지고 노랗게 변합니다.

인(P)  주로 식물이 꽃을 피우고 열매를 맺는 데 관여합니다.

칼륨(K)  뿌리를 튼튼하게 하고 식물의 전체적인 면역력에 관여해서 부족하면 질병에 잘 걸립니다.

칼슘(Ca)  질소, 인, 칼륨과 같은 다량요소(식물의 성장에 꼭 필요한 영양소)는 아니지만 부족하면 새순과 어린 조직이 망가집니다.

이외에도 마그네슘, 철, 망간, 붕소 등 다양한 성분이 있습니다.

### 목적에 맞는 비료를 찾는 법

비료는 동물의 배설물이나 식물체를 이용해서 만드는 고형 유기질 비료, 화학적으로 추출해서 만드는 화학 비료로 크게 나뉘고, 화학 비료는 다시 그 형태에 따라 액체 비료(농축), 코팅 비료, 입자형 비료, 앰플형 활력제(희석) 등으로 나뉩니다.

액체 비료는 보통 농축되어 있어 물에 희석해서 사용하며, 코팅 비료는 코팅된 막 속의 비료가 서서히 용출되는 구조이고, 입자형 비료는 알약처럼 물에 녹아나오는 형태, 마지막으로 앰플형 활력제는 액체 비료를 희석한 것으로, 간편하게 사용하도록 만든 제품입니다.

실내에서 식용이 아닌 관상용 식물을 키운다면 화학 비료 중 입자형 비료나 액체형 비료로 충분합니다. 유기질 비료는 오히려 파리를 끌어들이는 등 성가실 수 있습니다.

제형별 비료의 예. 1 액체 비료, 2 코팅 비료, 3 입자형 비료, 4 앰플형 활력제

잎과 줄기의 성장에 좋은 비료와 개화를 촉진하는 비료도 따로 있어서, 비료를 구입할 때는 관엽식물용 비료와 꽃보기식물용 비료를 구분해서 구매합니다. 개화 촉진 비료는 질소 성분이 매우 낮거나 아예 빠져 있기도 합니다.

잎보기식물용 비료(좌)와 꽃보기식물용 비료(우) 꽃보기식물용 비료에는 질소 성분이 전혀 들어가 있지 않다.

## 비료를 잘 주는 법

### 비료는 언제 주는 게 좋을까?

실내 식물에 주는 화학 비료는 대부분 흡수 속도가 빠른 편입니다. 따라서 실내 식물이 한참 자라는 봄부터 여름 사이에 1, 2회 정도 주는 것으로도 충분합니다(제품마다 유지 기간 표기 사항을 꼭 확인하세요).

만일 가을과 겨울에 실내 온도가 떨어지지 않는 곳이라면 8~9월 정도에 한 번 더 주어도 무방합니다(역시 제품별 표기 사항을 참조하세요). 겨울에 온도가 떨어지는 곳이면 가을부터 비료를 주지 않습니다. 단, 코팅 비료의 경우 온도가 떨어지면 코팅된 막이 막혀 비료가 나오는 걸 막아주기 때문에 계절에 상관없이 사용할 수 있습니다.

### 제형에 따른 비료 주는 법

액체형 비료는 잎에 뿌리거나 뿌리로 주는 방법이 있는데, 잎에 뿌리는 엽면시비는 효과는 빠르지만 충분한 양을 주기가 힘들어 보통은 뿌리로 주는 방법을 많이 사용합니다. 단, 전문적인 제품들은 아예 엽면시비용 비료와 토양관주용 비료를 구분합니다.

앰플 타입의 경우는 화분 크기에 비례해서 앰플의 숫자를 늘려야 합니다. 큰 화분에 작은 앰플 하나가 꽂혀 있는 모습을 볼 때가 있는데, 앰플 자체의 효과가 강하지 않고 커버할 수 있는 범위도 작다는 걸 염두에 두세요.

입자형의 경우 흙 속에 섞어주기도 하지만 비료가 뿌리에 바로 닿거나 이미 비료를 준 걸 잊고 또 줄 경우 잎이 말라 들어가거나 뿌리가 녹는 등의 피해를 볼 수 있으므로 눈에 보이는 흙 위에 두는 게 낫습니다. 흙 속에 섞어서 줄 경우는 비료 준 날짜를 반드시 기록하도록 합니다.

코팅형의 경우 제품마다 표시된 유지 기간을 확인하고 주되 환경보호를 위해 코팅막이 생분해성 재료로 만들어진 제품을 사용하는 것을 추천합니다.

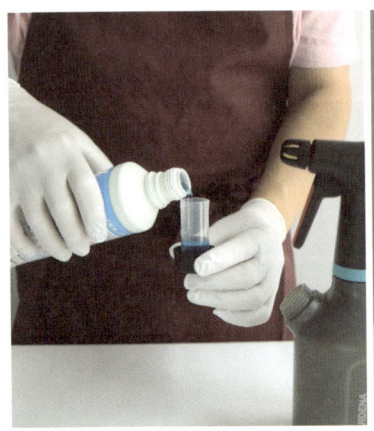 

액체형 비료를 엽면시비할 경우 정확한 계량이 중요하다. 눈대중으로 주다가 과다시비로 인해 식물의 잎이 타들어가는 피해가 일어날 수 있다.

## 비료도 잘못 주면 독이 된다

병해충이나 추위 같은 원인이 없는 데도 식물 상태가 좋지 않다면 보통 뿌리가 상한 경우가 많습니다. 이때는 뿌리 상태를 확인하고 분갈이를 하는 것이 먼저지, 성급하게 비료를 주어서는 안 됩니다. 약해진 식물에 고농도의 비료를 주는 건, 소화할 힘도 없는 환자에게 억지로 밥을 먹이는 것과 같습니다.

마찬가지로 분갈이로 몸살을 앓는 식물 역시 뿌리가 약해진 상황이므로 앞서 소개한 투명비닐 밀폐법(145쪽)을 이용해 먼저 회복할 시간을 주는 것이 중요합니다. 비료는 식물이 기력을 차리고 새순이 돋을 무렵, 혹은 분갈이를 하고 나서 2~3개월 후에 주는 것이 가장 좋습니다. 마지막으로, 과하게 비료를 주는 것은 안 주느니만 못할 수도 있습니다. 비료가 과하면 식물은 연약해지고, 자연스레 병과 해충이 따라옵니다.

> **TIP) 질소(N)는 무늬종 식물의 무늬에 어떤 영향을 미칠까?**
>
> 비료 속 질소는 식물의 잎과 줄기를 키우는 역할을 하며, 비료 중 가장 많은 비중을 차지한다. 그런데 최근 질소 비료가 돌연변이 무늬를 가진 반입 식물(72쪽 참조)의 무늬 발현을 방해한다는 주장이 있다. 새 잎이 나올 때마다 잎의 무늬가 바뀌는 것에 당황한 집사들 가운데에 그 말을 믿는 분들이 있다. 그러나 국내외 여러 논문을 참고하고, 다양한 반입 식물을 키우면서 일반적인 관엽식물용 비료에 들어 있는 비율의 질소 성분은 대부분의 식물에 거의 영향을 주지 않는다는 결론을 내렸다. 질소가 부족할 경우 식물체의 잎이 노랗게 변하는 현상을 무늬가 강해지는 것으로 오인한 게 아닌가 싶기도 하다. 오히려 잎의 돌연변이 무늬는 줄기의 무늬선이나 모체의 형질, 즉 유전적 영향과 관계가 깊다. 그리고, 무늬가 생긴 잎에는 충분한 빛을 쬐어주는 것이 무늬 유지와 식물의 생장에 필수적이라는 것도 잊지 말자(73쪽 참조).

## 실패하지 않는 번식법

식물 상담 ∨

# 번식,
# 식물 키우기의 즐거움

식물을 키우는 즐거움 중 하나는 식구를 불리는 것입니다. 잎 한 장, 꺾은 줄기 하나에서 뿌리가 나고 잎이 나서 새로운 생명체로 성장해가는 과정을 지켜보는 즐거움은 가드너들에게 형언할 수 없을 정도의 보람을 주지요.

한데 우리가 키우는 실내 식물 대부분이 품종 개량 과정에서 씨앗을 맺지 못하도록 개량되었다는 사실을 아시나요? 식물의 학명을 살피다 보면 종종 'Cv.'라는 표기를 만나게 되는데, 이는 컬티바(Cultivar)의 약자로, '재배종'을 의미합니다. 재배종이란 사람이 원하는 특징을 얻기 위해 선별하고 육종한 식물을 가리키며, 대부분 씨앗을 맺지 않는 방향으로 개량이 되지요.

게다가 실내 관엽식물의 상당수는 우리나라 같은 기후에서는 매년 꽃을 피우지 않기 때문에 씨앗을 받기가 무척이나 까다롭습니다. 설사 꽃이 핀다고 해도 수정이 되지 않으니 사실상 거의 불가능하다고 봐도 무방하지요. 그래서 실내 식물은 자연 번식보다는 식물체의 일부를 이용하는 영양 번식에 주로 의지할 수밖에 없습니다. 영양 번식 방법은 아래와 같습니다.

· 나무(목본): 꺾꽂이(삽목)
· 풀(초본): 꺾꽂이(넝쿨식물 기근 활용), 잎꽂이, 포기나누기

## 실내 식물의 꺾꽂이(삽목)

꺾꽂이는 식물의 가지나 잎을 잘라내 다시 심는 방식으로, 가지와 잎에서 뿌리가 잘 내리게 하려면 깨끗하고 비료 성분이 적으며 통기가 잘되는 토양을 사용하는 것이 좋습니다. 단, 감염의 우려가 있으므로 사용하던 토양을 재사용하는 것은 피합니다(삽목에 좋은 토양은 131쪽 참조). 뿌리가 빨리 내리도록 발근 용액이나 가루를 사용하는 경우가 있는데, 이는 모든 식물에 효과가 있는 것이 아니며 남용할 경우 오히려 식물이 피해를 입을 수도 있으니 자세한 사용법을 숙지하고 사용하는 것이 좋습니다.

❶ 알코올이나 불로 소독한 칼을 준비합니다(가위를 사용할 경우 조직이 뭉개질 수 있습니다).

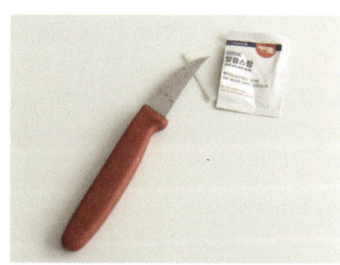

❷ 소독한 칼로 줄기를 2, 3마디 정도 자릅니다.

❸ 자른 줄기를 1~2시간 정도 물에 넣어 수분을 흡수시킵니다.

❹ 삽수(잘라낸 줄기)는 뿌리가 잘린 상태이므로 잎 면적과 갯수를 줄여 과도한 증산작용으로 받을 수 있는 충격을 사전에 예방합니다.

❺ 삽수의 3분의 2정도를 삽목용 토양 혹은 피트펠렛에 꽂습니다. 그리고 삽목한 포트는 20~25도 정도의, 간접광이 있는 곳에서 뿌리가 날 때까지 높은 습도를 유지하면서 관리합니다. 아래 사진과 같은 미니 온실에 넣어두면 습도가 유지되어 더 빠른 시간 안에 안정된 묘를 만들어낼 수 있습니다.

뿌리가 잘린 삽수 관리에 효과적인 미니 온실

> **TIP** **피트펠렛을 이용한 꺾꽂이 방법**

삽목용 토양을 준비하는 게 번거롭다면 시중에서 쉽게 구할 수 있는 피트펠렛(상토를 압축해서 만든 삽목 및 파종용 제품으로 물에 불려 사용한다)을 사용해도 된다. 피트펠렛 외부를 분해되는 종이로 감싼 제품은 산소 투과가 용이해 뿌리가 자라는 속도가 빨라지며, 자라는 모습을 눈으로 직접 확인할 수 있다는 장점이 있다. 또한 뿌리가 충분히 자란 뒤 피트펠렛 그대로 화분에 옮겨 심으면 되는 편리성도 있다. 단, 펠렛은 흡수한 수분을 쉽게 증발시키기에 펠렛이 완전히 마르는 일이 없도록 수시로 물을 주어야 한다.

피트펠렛에 삽목한 펠리오니아 리펜스에서 뿌리가 나온 모습

# 실내 넝쿨식물의 꺾꽂이

### 기근(공기뿌리)의 활용

우리가 실내에서 키우는 식물은 대부분 열대 및 아열대 지역이 원산지입니다. 열대우림기후의 정글이 우리가 사는 실내 공간과 비슷한 환경적 특성을 갖고 있기 때문입니다. 정글에서는 키가 큰 나무들이 대부분의 햇빛을 차지하는데, 때문에 그 아래에 사는 식물들은 큰 나무들 사이에서 빛을 얻기 위해 다양한 전략을 구사합니다. 대표적인 전략이 넝쿨을 만들어 나무를 타고 올라가는 것이지요.

넝쿨을 만드는 식물로는 몬스테라, 싱고니움, 필로덴드론, 호야, 에피프레넘(스킨답서스), 라피도포라 등 무척 다양합니다. 다양한 속에 속하는 수많은 식물들이 빛을 얻기 위해 나무를 타고 올라가도록 진화했지요. 이 넝쿨식물들은 나무를 타고 올라갈 때 스스로를 지지하고 공기 중의 수분이나 양분을 흡수하기 위해 마디에서 기근을 냅니다. 기근은 공기 중에 노출되기는 하지만 흙 속에 있는 뿌리와 유사한 기능을 가지고 있습니다. 넝쿨식물들은 잎이 나오는 마디마다 기근을 내는데 이 기근이 길게 나온 마디를 심으면 기근이 없는 마디의 경우보다 훨씬 빨리 적응을 하고 새순을 내밀게 됩니다.

넝쿨식물의 기근 발달을 촉진시키려면 ① 습도를 높여주거나(온실이 있으면 좋습니다) ② 넝쿨식물의 줄기를 수태나 마대를 붙인 지지대로 세웁니다.

❶ 잘라낼 마디를 정한 후 기근 주변을 물에 적신 수태로 두르고, 수분 증발을 막기 위해 랩이나 비닐로 감싸고 충분히 분무합니다. 수태는 쉽게 마르므로 분무하는 물이 살짝 고일 수 있도록 감싼 부분의 아래쪽을 묶어서 조여줍니다(사진에서는 벨크로 테이프를 사용했습니다).

❷ 2~4주 후 수태 사이로 기근이 자라고 있는 게 확인되면, 수태를 털어낸 후 기근 아래 마디를 잘라냅니다. 줄기를 자르는 칼이나 가위는 반드시 살균한 후 사용합니다.

❸ 잘라낸 줄기를 1~2시간 물에 담근 후 삽목 토양에 심고 충분히 물을 줍니다. 뿌리가 활착될 때까지 높은 습도의 미니 온실에서 관리하거나 비닐로 밀봉한 상태에서 관리합니다. 보통 새순이 펼쳐질 때쯤 뿌리가 나온 걸로 보면 됩니다.

꺾꽂이를 하기 위해 넝쿨식물의 기근이 달린 줄기를 잘라낸 모습

### 초본의 물꽂이

실내 식물의 삽수를 흙으로 보내기 전에 물에 꽂아 뿌리는 받는 방법도 있습니다. 이 방법은 관엽식물뿐 아니라 기근이 나오는 넝쿨식물, 목베고니아, 허브류 등 뿌리가 빨리 나오는 식물들에 활용하기 좋습니다. 뿌리가 나오는 모습을 육안으로 볼 수 있다는 장점이 있지만 물에서 내린 뿌리는 흙으로 옮겼을 때 적응을 못하는 경우가 종종 있으니 주의가 필요합니다. 물꽂이로 뿌리가 잘 나오는 식물은 삽목토양이나 피트펠렛에서도 마찬 가지로 뿌리를 잘 내립니다. 뿌리가 자라는 모습을 보고 싶어 물꽂이를 택하는 것이라면 뿌리가 날 때까지 반투명한 플라스틱 화분을 단기간 이용할 수도 있습니다(장기간 사용할 경우 뿌리 발달을 방해합니다).

물꽂이로 뿌리를 낸 목베고니아 신밧드

반투명 플라스틱 슬릿 화분에서 뿌리내린 블랙 금전수와 필로덴드론 비페니폴리움. 뿌리내림이 충분히 확인된 뒤에는 불투명한 화분으로 옮겨준다.

## 실내 초본식물의 잎꽂이

페페로미아, (근경)베고니아의 번식에 많이 활용되는 방법입니다. 페페로미아, (렉스/근경)베고니아, 산세베리아의 경우는 잎을 잘라 잎맥 부분을 삽목토양에 꽂으면 잎맥에서 새로운 개체가 발생합니다. 베고니아 가운데서도 나무처럼 자라는 목베고니아는 삽목을 주로 하고, 풀처럼 자라는 근경베고니아, 렉스베고니아는 잎마디꽂이나 잎맥꽂이를 합니다.

잎꽂이 역시 꺾꽂이와 마찬가지로 피트펠렛이나 삽목토양을 이용하는 경우가 많은데 감염의 위험이 큰 베고니아의 경우 주로 수태를 사용합니다. 열대, 아열대 식물의 잎꽂이 역시 삽목과 비슷한 조건에서 관리하면 됩니다.

근경베고니아 잎맥꽂이 후 새순이 돋은 사진. 삽목통 온도가 22도 이상 올라가지 않도록 주의한다.

수박 페페 잎꽂이 후 새싹이 올라오는 모습

## 다육식물의 꺾꽂이와 잎꽂이

다육식물이나 선인장을 꺾꽂이 할 때는 단면을 며칠간 말린 뒤 다육식물 전용토양에 꽂습니다. 이때 물을 바로 주지 않고 반양지 정도에서 관리하다 1~2주 후 꺾꽂이를 한 줄기가 건강하다는 게 확인되면 물을 한 번 줍니다. 그리고 서서히 더 밝은 곳으로 이동합니다(다육식물 삽목 팁은 166쪽 상단 사진 참조).

한편 에케베리아, 카랑코에, 세덤, 크라슐라 등 통통한 잎을 가진 속의 다육식물들은 잎꽂이가 잘 됩니다. 잎을 떼어내서 잘라낸 끝부분을 다육용 토양에 살짝 꽂고 반양지에서 관리하면 손쉽게 새로운 개체를 얻을 수 있습니다(다육식물 잎꽂이 방법은 166쪽 하단 과정 사진 참조).

다육식물은 잎과 줄기에 물을 품고 있는 식물이기 때문에 꺾꽂이를 할 때 단면을 말리는 경우가 많은데, 이때 가로로 눕혀놓으면 생장점 부위가 빛을 향해 휘게 된다. 이를 예방하기 위해 입구가 좁은 병 등을 이용하면 가지런한 모양을 유지할 수 있다.

❶ 다육식물의 잎을 좌우로 흔들어가며 부드럽게 분리합니다.

❷ 떼어낸 잎의 맨 앞쪽을 다육식물 전용 흙에 살짝 잠기도록 덮어줍니다.

❸ 충분한 빛이 드는 곳에서 관리하면 어렵지 않게 작은 사이즈의 복제 다육이를 얻을 수 있습니다.

※ 모든 다육식물이 잎꽂이가 되는 것은 아니므로 잎이 얇거나 분리하기 힘든 구조의 식물들은 꺾꽂이 혹은 자구(offset) 분리 방법을 이용합니다.

# 새 포기가 생기는 실내 식물의 번식법
## -포기나누기(분주)

포기가 여러 개 생기며 자라는 초본 식물의 경우 여러 개체로 나누는 작업이 가능합니다. 작업 과정에서 뿌리를 강하게 뜯어내기 때문에 실내에서는 4~6월과 장마철 사이에 작업하는 것이 좋습니다. 한여름과 자라는 속도가 느려지는 가을, 겨울은 피하는 게 좋습니다. 포기나누기에 적합한 실내 식물로는 스파티필름, 칼라데아, 아글라오네마, 페페로미아(카펫형, 224쪽 참조) 등이 있습니다.

뿌리가 잘 나뉘지 않으면 칼을 쓰기도 합니다. 뿌리가 많이 잘려나간 경우에는 위쪽의 잎도 비슷한 비중으로 정리하는 것이 좋습니다. 새로 뿌리가 날 때까지는 2~3주가 소요되므로 반음지에서 관리하며 비닐을 씌워주거나 높은 습도의 미니 온실 안에 두는 것이 좋습니다. 계속 관찰하다가 새로운 순이 올라오는 게 확인되면 바깥세상을 구경할 준비가 된 것입니다.

# 가드닝 고수가 되기 위한 마지막 관문, 병충해

식물 상담

10여 년간 가드닝스쿨을 운영하며 수강생분들이 가장 힘들어했던 수업을 꼽는다면 바로 병충해 시간입니다. 특히 도시에서 자란 분들은 대량 번식하고 계속 재발하는 해충의 특성을 견디지 못했습니다. 이분들을 더 좌절하게 한 것은, 아무리 대비를 철저하게 한다고 해도 해충과 질병을 백 퍼센트 막는 건 어렵다는 사실이었습니다. 가드닝을 하다 보면 언젠가는 해충이나 질병을 맞닥뜨릴 수밖에 없습니다.

가장 큰 이유는 우리가 식물을 키우는 환경이 그리 좋지 못하기 때문입니다. 최고의 환경을 갖춘 농장에서 최고의 환경에 있던 식물들이 작은 화분에 옮겨져 우리 집으로 온 순간부터 식물의 상태는 나빠지기 시작합니다. 우리가 아무리 노력한다고 해도 농장만큼 최적의 환경을 만드는 건 어렵기 때문입니다.

## 해충의 종류와 관리법

해충은 식물의 상태가 나빠지고 면역력이 떨어지는 것을 기가 막히게 알아챕니다. 평소에는 독성 때문에 건드리지 못하던 식물들이 만만해지는 순간입니다(대부분의 식물은 해충의 공격에 저항하는 물질을 가지고 있습니다). 실내 식물을 주로 공격하는 해충은 크게 즙을 빨아먹는 해충과 잎을 갉아먹는 해충으로 나눌 수 있습니다.

## 끈적임을 남기는 흡즙성 해충

식물은 광합성을 통해 포도당을 만들고 해충은 그 당을 노립니다. 대표적인 흡즙 해충으로 진딧물, 깍지벌레, 개각충, 응애, 온실가루이가 있습니다.

### 진딧물

주로 식물의 새순이나 꽃에 붙어 흡즙하기 때문에 4~5월에 집중적으로 발생합니다. 성충이 되면 날아다니며 다량의 알을 낳는데, 이 알도 불과 몇 주 만에 다시 성충이 되어 번식하기 때문에 초기에 잡지 못하면 감당하기 힘든 만큼 그 수가 늘어납니다.

진딧물에 흡즙당한 새순은 커서도 변형의 원인이 되고, 진딧물의 배설물은 당분을 먹이로 삼는 다른 균을 끌어들여 이차 병해를 일으키기도 합니다. 봄이 되면 늘 새순을 관찰하고 발견 즉시 제거하는 게 가장 좋습니다.

피해 초기에는 은행잎, 고삼, 님 오일, 피마자 추출물(냄새가 다소 불편할 수 있습니다) 등과 끈끈이 트랩을 함께 사용하면 통제할 수 있습니다. 상황이 심각할 경우 전용 농약을 사용하되, 두 가지 이상의 농약을 사용해야 하는 경우라면 작용 원리가 겹치지 않는 것을 선택하세요.

흡즙성 해충의 배설물로 인해 이차 병해를 입은 식물. 해충에서 질병으로 이어지는 악순환의 고리가 시작되었다.

## 깍지벌레, 개각충

주로 새순을 노리는 진딧물과 달리 진딧물보다 더 큰 깍지벌레는 신엽, 구엽, 줄기, 뿌리까지 가리지 않고 흡즙합니다. 솜깍지벌레, 가루깍지벌레, 긴꼬리깍지벌레가 대표적이고, 갈색의 밀랍처럼 생겨 '개각충'이라 부르는 갈색깍지벌레는 발견과 제거가 쉽지 않아 큰 피해를 입힙니다.

깍지벌레나 개각충이 발생하면 잎은 포도당을 흡즙한 뒤 나온 배설물로 끈적해져 역시 이차 병해의 원인이 됩니다. 잎과 줄기가 거뭇거뭇하게 변했거나 미세하게 솜이 묻은 듯한 흔적이 보인다면 상당히 많이 퍼진 것으로, 즉시 농약을 살포하는 게 좋습니다.

한 번에 완전히 박멸하기는 쉽지 않기 때문에 가능하다면 성충을 직접 제거한 후 2~3회 약제를 살포합니다. 알이나 유충이 살아남았을 수 있으니 약을 뿌린 후 1~2개월 정도는 수시로 확인하는 게 좋습니다. 한편, 개각충은 밀랍처럼 겉이 딱딱하기 때문에 약이 잘 들어가지 않아 칫솔 등으로 눈에 보이는 것들을 제거한 후 약을 뿌리는 게 훨씬 더 효과적입니다.

황칠나무에 발생한 깍지벌레

라일락나무에 발생한 개각충(갈색깍지벌레)

**응애**

귀여운 이름과 달리 무시무시한 해충으로, 상태가 심각해지기 전까지는 눈에 잘 보이지도 않습니다. 거미와 먼 친척으로 잎 속의 세포를 빨아먹고 세포벽만 남기는데 사람의 눈에는 흰 점으로 보입니다. 미세한 거미줄이 잎과 줄기를 덮고 있다면 응애를 의심해봐야 합니다. 응애가 잘 생기는 실내 식물로는 알로카시아, 콜로카시아, 칼라디움, 칼라데아 등이 있습니다.

응애는 살충제가 아닌 살비제라고 부르는 전용 약제를 사용하는데, 내성이 잘 생기는 편이니 비용이 다소 부담되더라도 두세 가지 살비제를 사용하는 것이 좋습니다.

응애가 발생한 칼라데아와 유칼립투스. 응애가 발생하면 얇은 거미줄이 식물을 감싼다.

**온실가루이**

하우스로 시설 재배를 하는 곳에서 잘 생기는 흰색의 작은 나방 같은 해충으로, 포인세티아처럼 즙액이 있는 유포르비아속 식물의 잎, 란타나, 민트, 세이지, 배초향 같은 허브류에 잘 생기며 잎 뒷면에 알을 낳아서 식물의 잎에 해를 끼칩니다. 초기에 방지하지 못하면 완전히 없애기가 쉽지 않습니다.

키우는 식물에 온실가루이가 발생했다면 알이 붙어 있는 잎을 모두 제거하고 진딧물, 깍지벌레에 사용하는 농약과 친환경 추출물들을 살포합니다. 그럼에도 지속적으로 발생한다면 식물의 잎을 다 제거한 후 새순을 받아서 다시 시작하거나, 그도 아니면 다른 식물로 번지기 전에 포기하는 것이 좋을 수도 있습니다.

온실가루이가 발생한 식물에는 배설물로 인한 이차 병해가 동시에 발생하는 경우가 많다.

## 상처를 남기는 식해성 해충

**뿌리파리**

식물의 뿌리에 알을 낳고 곰팡이나 유기물을 먹는 작은 파리로 실내 습도가 높아지면 급속도로 퍼집니다. 이런 특성 때문에 실내에서 작은 온실을 만들어 식물을 키우는 집에서는 뿌리파리 때문에 고충을 겪는 경우가 많습니다. 식물에 치명적인 해를 끼치지는 않지만 성충을 모두 제거하더라도 흙 속에 있는 알이 부화해서 다시 퍼지기 때문에 귀찮은 존재이기는 마찬가지입니다.

뿌리파리를 제거하려면 화분에 곰팡이가 피지 않도록 주의하고, 끈끈이 트랩을 화분마다 설치하세요. 진딧물을 잡는 농약을 사용하면 성충을 어느 정도 제거할 수 있습니다. 개인적으로는 백강균 등 토착미생물을 이용해서 토양 속의 뿌리파리 유충을 제거하는 제품을 사용하고 큰 효과를 보았습니다. 단, 이런 제품은 살균제와 병용이 어렵습니다.

뿌리파리 발견 및 처리에 효과적인 끈끈이 트랩

**총채벌레**

실내 가드닝에서 많이 발생하는, 1밀리미터 남짓의 작은 해충입니다. 빠른 속도로 움직이며 잎의 뒷면을 주로 갉아먹습니다. 대부분의 관엽식물, 꽃식물(서양란 포함)을 좋아하는데 노란색, 연분홍색, 미색에 주로 반응합니다.

성충이 발견되면 빠른 시간 안에 반드시 약제를 살포해야 합니다. 1~2주만 방치하면 개체수가 급속도로 늘어 식물 상태가 눈에 띄게 나빠지고 다른 식물로 번지기 시작합니다. 유충이 흙 속에서 탈피한 후 위로 올라오기 때문에 눈에 보이는 성충만 잡는다고 해결되지 않습니다. 발생 시 빠른 대처가 필요해서 부득이하게 농약을 쓰게 되는데, 응애와 마찬가지로 두세 가지의 총채벌레 전용 농약을 돌아가면서 사용해야 해서 비용 부담이 큽니다. 화학 농약을 사용하기 부담스럽다면, 총채벌레가 발생한 잎을 모두 잘라내고, 화분 속의 흙을 모두 털어내 깨끗한 흙으로 분갈이 한 후, 백강균 등을 이용한 총채벌레에 효과가 있는 친환경 약제를 이용하되 지속적인 관찰을 통해 재발하지 않는지 수시로 확인하는 게 좋습니다.

총채벌레의 공격을 받은 식물. 응애보다 상처 부위가 무작위로 나타나고, 더 깊다. 가장 쉬운 구분 방법은 거미줄의 유무(응애로 인한 피해의 경우에만 거미줄이 발견된다.)

**달팽이**

실내 식물 중 고사리과 식물, 허브류, 국화과 식물 등에서 주로 발견되며, 등껍질이 없는 민달팽이가 대다수지만 껍질이 있는 종류도 있습니다. 야행성으로 밤이 되면 흙에서 나와 식물의 부드러운 잎과 꽃을 갉아 먹습니다. 잎사귀 부분에 끈적거리는 점액질이 발견되고 잎에 불규칙한 구멍이 보인다면 달팽이가 온 것입니다.

달팽이 유인제를 넣은 접시를 화분 아래에 놓고 어두운 곳에 2, 3일 두면 달팽이가 나와 약을 먹고 죽는데, 약에 따라 효과가 천차만별이고 완벽하지는 않아서 작은 식물이라면 흙을 다 털어내고 새롭게 분갈이를 하거나 심한 경우 토양살충제를 사용하는 경우도 있습니다.

민달팽이의 공격을 받고 있는 식물

# 병해의 종류와 관리법

### 흰가루병

주로 식물의 잎에 흰가루를 뿌려놓은 것처럼 보이는 병으로, 장미, 수국, 작약, 관엽식물의 경우 베고니아, 페페로미아, 유칼립투스, 자스민 등에서 종종 발견됩니다. 특히 저온다습한 환경에서 잘 퍼지며, 농약을 쓰지 않고 해결하는 건 거의 불가능합니다. 살충제가 아닌 살균제를 사용해야 하는데 약을 써도 환경이 개선되지 않으면 재발하기 쉬우니 유의해야 합니다.

베고니아에 발생한 흰가루병

### 줄기무름병, 뿌리썩음병

주로 여름과 겨울에, 선인장, 다육식물, 고산식물, 일부 지중해산 허브류에 발생하는데 원인균은 다양합니다. 일단 발병하면 치료는 거의 불가능하고 수일 내에 식물체를 잠식해버립니다.

이런 병에 걸린 식물과 화분은 되도록 빨리 폐기하고, 사용한 도구는 반드시 살균해야 합니다. 무름병이 많이 발생하는 여름 장마철이 오기 전에 살균제를 선제적으로 살포하는 것도 도움이 됩니다.

호야에 발생한 무름병. 잎이 급속히 괴사하는데 얼핏 보면 동해와 비슷하다.

### 버섯

버섯은 병해는 아니지만 여름철 식물 관리에 골치 아픈 존재입니다. 여름 장마철이 지나고 창문을 열어놓은 공간에서 주로 발생합니다. 처음에 귀엽다고 방치하면 버섯 포자가 날려 주변 화분으로 겉잡을 수 없이 퍼지곤 합니다. 독성이 있거나 식용이 불가한 버섯들이 생기기도 하므로 어린 아이가 있는 집에서는 빠른 조치가 필요합니다.

버섯 주변의 흙을 모두 긁어내고 시중에 판매하는 훈탄을 뿌리면 어느 정도 확산을 막을 수 있습니다. 훈탄을 뿌린 뒤에도 퍼진 포자가 또 올라올 수 있으니 1~2주간 지속적으로 관찰하는 게 좋습니다.

버섯이 갓을 펼쳐 포자를 널리 퍼트린 후라면 화분 속 흙을 모두 교체해야 할 수도 있다.

### 해충이나 병해로 착각하기 쉬운 현상들

**마삭줄 및 넝쿨식물들 줄기에 생기는 기근**

원예 식물로 많이 키우는 마삭줄, 백화등 같은 넝쿨식물은 나무나 벽을 타고 올라갈 때 줄기를 부착시키기 위해 기근을 낸다. 줄기에서 기근이 처음 나올 때 알과 비슷하게 생긴 모습 때문에 해충으로 오인받기도 한다.

마삭줄 줄기에 생기는 기근

**야자류 식물 줄기와 잎에 생기는 털과 점**

야자류 식물에서는 깍지벌레나 개각충의 피해가 종종 발견된다. 그렇다 보니 해충의 피해를 본 분들은 수시로 관찰을 하는 과정에서 야자잎 뒷면이나 줄기에 생기는 검은색 털과 점을 보고 또 다른 해충이 생겼다고 오해하는 경우가 있다. 얼핏 작은 벌레가 붙은 것처럼 보이는데, 실은 잎과 줄기에 자연스럽게 생기는 현상이다.

야자류 식물 줄기와 잎에 생기는 털과 점

**필로덴드론의 잎과 잎자루, 난과 식물의 꽃자루 등에 생기는 물방울 혹은 꿀방울**

맛을 보면 단맛이 난다. 식물에 따라 밀샘, 꽃바깥꿀샘에서 나오는 액체로, 식물이 해충으로부터 스스로를 보호하기 위해 개미를 끌어들이려는 목적으로 꿀을 내뿜는 것이라고 알려져 있다. 특히 필로덴드론속 식물의 경우는 이 액체가 잎에 흔적을 남겨 관상 가치를 떨어뜨리는 경우가 많다.

이 꿀방울은 깍지벌레 같은 흡즙성 해충이 남기는 배설물과 달리 물방울 형태를 띄고 있어 육안으로 구분할 수 있다. 물방울은 식물을 키우는 환경조건과 크게 관련이 없고 성장하면서 서서히 줄어드니 너무 걱정하지 않아도 된다. 발생 초기에 닦아내면 자국이 커지는 것을 막을 수는 있지만 완전히 없애기는 쉽지 않다.

필로덴드론 카라멜마블의 잎자루에 붙어 있는 꿀방울

**관엽식물의 잎에 있는 흰 점**

휘커스 움베르타 같은 관엽식물은 잎 위의 흰 점들로 인해 병충해가 있는 걸로 오인받지만 사실은 유난히 큰 크기의 기공이 눈에 보이는 것이다. 잎도 크고 기공까지 크니 다른 식물에 비해 공기 정화 능력이 뛰어나다는 장점도 있다.

휘커스속 관엽식물(움베르타, 델토이데아, 다양한 고무나무 등)의 잎에 있는 기공을 병충해로 오인하는 경우가 있다. 사진은 휘커스 델토이데아의 기공

**고사리의 포자**

양치식물인 고사리는 꽃을 피우지 않고 포자로 번식을 한다. 고사리 종류에 따라 포자주머니의 모양은 가지각색으로 다양한데 일부는 마치 벌레가 붙은 것처럼 보이기도 한다.

환공포증의 원인이 되기도 하는 고사리 포자주머니

부지런한 가드너들은 농약을 쓰지 않고 직접 친환경 해충제거제를 만들어 쓰거나 시중에 판매하는 천연성분 약제를 이용하기도 합니다. 그러나 경험상 이들만으로는 해충을 완벽히 잡는 게 힘들었습니다. 가장 효과적이었던 방법은 천연성분 약제와 화학 농약을 병용하는 것이었는데(혼합이 아니라 번갈아 사용하기), 함께 쓰면 약해가 심하게 발생하는 경우도 종종 있으므로 이 경우 반드시 제조원에 문의하여 두 약을 함께 써도 되는지 확인하는 게 좋습니다.

화학 농약은 각각의 해충에 최적화된 성분으로 제조되어 있기에 진딧물 약으로 깍지벌레를 죽일 수는 없습니다. 제품별로 표적 해충을 확인하고 적절한 농약을 사용하도록 합니다. 마지막으로 농약은 사람의 몸에 어떤 식으로든 해를 끼칠 수 있기 때문에 사용 시 반드시 보안경, 마스크, 장갑, 보호복 등을 갖추고 용법을 정확히 숙지하고 사용하기를 거듭 당부드립니다.

*LESSON 5*

✳

# 나에게 어울리는
# 식물 찾기

∨

*Gardening School*

어느새 마지막 수업입니다. 지금까지 배운 내용을 한번 돌이켜볼까요? 1강에서는 간단한 체크 리스트(26~27쪽)를 통해 식물과 식물이 자랄 환경에 대한 나의 경험과 지식을 점검해보는 시간을 가졌습니다. 2강에서는 실내 가드닝 환경을 결정하는 주요 요소, 3강에서는 겉보기 및 원산지를 통해 식물의 특징을 읽는 방법을 배웠지요. 4강에서 실전 가드닝에 필요한 필수적인 상식까지 갖춘 여러분에게 남은 것은 무엇일까요? 배운 것을 실제 가드닝에 적용하는 것이겠지요. 그래서 마지막 수업에서는 식물이 자라게 될 환경과 나의 라이프스타일에 맞는 식물을 소개하려고 합니다. 이를 위해 지금까지의 수업 내용을 토대로 나에게 어울리는 식물 찾기 표를 만들어보았습니다.

이 표는 그간 가드너스와이프에서 만난 고객분들과 상담한 내용에 근거해 만든 것입니다. 가드너스와이프에서는 상담을 원하는 고객분들에게 먼저 자신의 공간을 빛의 세기를 기준으로 판단하게 한 뒤(충분한 채광 / 간접광 / 반음지), 라이프스타일에 따른 관리 역량을 확인하고, 그에 어울리는 식물들을 제안해왔습니다. 물론 같은 공간이라도 빛의 세기나 온도, 습도에 다양한 변수가 개입할 수 있고, 칼로 무 자르듯 나눌 수 없는 중간 영역도 존재합니다. 그렇지만 거칠게나마 식물을 다섯 개 그룹으로 나누어봄으로써 한 번쯤 식물의 성장 환경을 이해하고, 나에게 맞는 식물이 무엇인지를 생각해볼 시간을 가질 수 있을 것입니다.

※ 식물 상담 ∨

- **그룹1**: 하루 6시간 이상 충분한 빛 + 통풍 원활 + 적절한 물 주기 가능
- **그룹2**: 하루 6시간 이상 충분한 빛 + 통풍 불량 + 적절한 물 주기 불가능
- **그룹3**: 하루 3~6시간의 빛 + 통풍 원활 + 적절한 물 주기 가능
- **그룹4**: 하루 3~6시간의 빛 + 통풍 불량 + 적절한 물 주기 불가능
- **그룹5**: 부족한 빛 조건 + 관리 가능

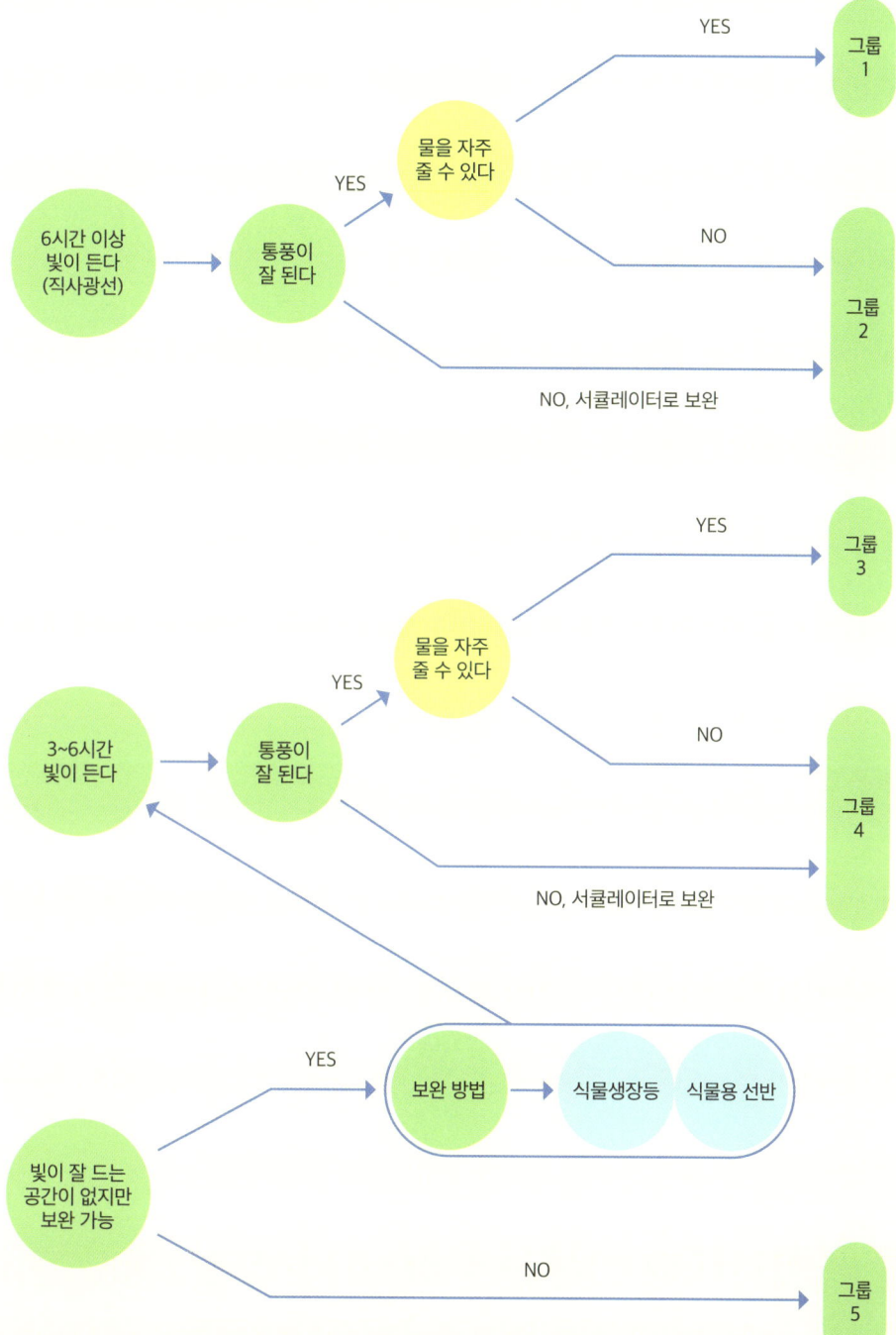

**그룹1** 하루 6시간 이상 충분한 빛+통풍 원활+적절한 물 주기 가능

✳ 식물 상담 ⌵

# 유칼립투스와 오세아니아* 출신 나무들

호주가 원산지인 유칼립투스는 종류가 수백 개나 됩니다. 국내에서도 높은 인기에 힘 입어 구니, 파블로, 베이비블루, 폴리안 등 여러 품종이 재배되고 있습니다. 잎 크기는 다양하고, 대부분 잎에 백분이라 불리는 가루가 생긴다는 특징이 있습니다. 이를 통해 극도로 뜨겁고 건조한 지역 출신임을 알 수 있지요.(69~71쪽 참조)

한편, 유칼립투스는 빨리 자라는 '속성수'로도 유명합니다. 1년 정도 잘 키우면 키가 2~3배 정도로 훌쩍 자랍니다. 따라서 분갈이 시기를 놓치거나 물 주는 걸 깜빡하면 상태가 급격히 안 좋아지는 경우가 많습니다. 건조한 곳 출신이라 여름철이 고온다습한 우리나라 기후에 적응이 힘들고 겨울철 온실 속에서는 저온다습으로 인한 병해가 잘 생겨 난도가 높은 편입니다.

• 오세아니아 : 호주, 뉴질랜드를 포함한 폴리네시아 등 대부분의 태평양 지역의 섬

다양한 유칼립투스

## 상대적으로 키우기 쉬운 유칼립투스 폴리안

유칼립투스는 실내 공간에서 키우기 어려운 나무입니다. 그럼에도 굳이 집 안에서 유칼립투스를 키우고 싶다면 폴리안을 추천합니다. 다른 품종보다 잎이 넓고 잎을 뒤덮고 있는 백분이 적은 편인 폴리안은 상대적으로 실내 환경에 적응을 좀 더 잘하는 편입니다. 그렇다고 해도 폴리안 역시 첫 번째 그룹에 속하는 식물이므로 실내에서 가장 햇빛이 잘 드는 공간에서 길러야 합니다. 성장도 빠르기에 물 주는 시기도 놓치지 않고 분갈이도 자주 해줘야 합니다. 폴리안의 잎이 구불구불해지면 물 주는 간격을 다시 확인해보고, 얇고 힘이 없고 마디가 길어지면 빛 부족을 의심해봐야 합니다.

> **TIP** 가지치기를 통해 유칼립투스의 성장 속도를 늦추는 법
>
> 실내 공간은 높이의 한계가 있고 빛이 한쪽 방향으로만 들어오는 경우가 대부분이기 때문에 위로 빨리 자라는 유칼립투스를 외목대 그대로 키울 수는 없다. 이렇게 빨리 자라는 나무의 성장 속도를 늦추려면 내가 원하는 적당한 키가 되었을 때 맨 위쪽 순을 잘라내자.
>
> 식물을 위로 자라게 하는 것은 식물 맨 위에 위치한 정아(apical bud, 끝눈)이므로, 정아를 잘라내면 정아가 있던 아래 줄기에서 측아(lateral bud)가 발달해 새로운 가지가 형성되어 위로 길쭉하지 않고 옆으로 풍성한 나무의 형태를 갖출 수 있다. 사진처럼 아래쪽 가지의 맨 위쪽 순도 동시에 잘라주면 좀 더 균형 잡힌 형태가 된다. 나무 구조가 복잡해져 통풍 불량으로 이어지지 않도록 때때로 중간 마디 가지를 솎아주도록 하자. 한편, 이런 가지치기는 유칼립투스뿐 아니라 올리브나무 등 첫 번째 그룹에 속하는 나무들 대부분에 적용할 수 있다. 단, 꽃이 피는 식물의 경우에는 꽃이 진 직후에 가지치기를 하는 게 좋다.

강하게 가지치기한 올리브나무. 줄기 사이사이에 새순이 올라오고 있다. 새순이 올라올 때는 충분한 빛을 주어야 웃자라지 않고 수형이 단단해진다.

유칼립투스가 위로 자라는 것을 막기 위해 맨 윗순을 자르는 경우 아래 가지들도 함께 정리해서 균형을 맞추어 준다.

2주 후

잘라낸 윗순 옆에 있는 작은 잎눈이 2주만에 빠른 속도로 자라났다. 유칼립투스는 이처럼 빠르게 성장하기에 가지치기를 하고 3~4주 후에 한 번 더 세밀한 작업을 통해 원하는 모양으로 수형을 잡아가는 게 좋다.

### 여러 개체가 합식된 나무

소포라, 코로키아, 애스토니는 주로 원산지인 호주, 뉴질랜드에서 덤불 형태로 자라는 식물로(81쪽 참조), 분재형으로 작게 나누어 판매되는데, 그러다 보니 줄기 하나로는 풍성한 수형이 나오지 않아 여러 줄기를 합식해서 판매하는 경우가 많습니다(올리브나무의 경우도 마찬가지입니다). 만일 나무를 구입했는데 모양을 내기 위해 한 화분에 줄기를 두 개 이상 심어놓았다면, 하나를 포기하거나 화분을 둘로 나누는 게 좋습니다. 한 화분에 여러 개체가 함께 있을 경우 빛을 받기 위해 경쟁하다가 나무들이 정상적인 형태로 성장하지 못하고 경쟁에서 진 개체는 죽을 수도 있기 때문이지요.

**TIP 합식된 나무를 분리해보자**

두 개체를 한 화분에 심어 인위적으로 선을 만들어 판매하는 소포라. 경쟁에서 진 오른쪽 개체가 살길을 찾기 위해 누워 있다.

엉켜 있는 두 뿌리가 끊어지지 않게 흙을 살살 털어가며 분리한다. 흙 때문에 꼬인 부분이 잘 풀리지 않을 때에는 샤워호스의 물줄기를 이용해도 좋다.

개체가 두 개로 분리되면 떨어져나간 뿌리가 회복될 때까지 2~3주 정도 실내 반음지에 두고 휴식을 취하게 한 뒤, 서서히 빛이 있는 곳으로 자리를 이동시킨다.

# 올리브나무

올리브나무는 강건한 성질을 갖고 있으면서 다양한 수형 연출이 가능하기에 햇빛만 충분하다면 비교적 관리가 어렵지 않은 나무입니다. 우리나라에서도 남부지방의 경우 거뜬히 월동을 할 수 있을 정도이지요(아쉽게도 중부지방에서는 겨울철에 동해를 입을 수 있습니다).

올리브나무는 작고 두꺼운 잎을 가지고 있습니다. 이는 햇빛이 충분하면서 겨울철 온도는 제법 낮은 곳에서 왔기 때문이지요. 그런데 실내에서 올리브나무를 키우다 보면 처음 들여왔을 때보다 잎 크기가 2~3배 커지는 경우를 종종 발견합니다. 농장에 비해 빛이 부족한 실내 공간에 적응하게 위해 잎의 크기를 키운 것입니다.

모든 식물이 비슷한 전략을 구사하지만, 유사한 원산지 환경과 잎 모양을 가진 다른 식물들은 대체로 실내 환경에 적응을 잘하지 못하는 반면, 올리브나무는 상대적으로 높은 적응력을 가지고 있습니다. 그러나 이처럼 적응력이 뛰어난 올리브나무라 할지라도 빛이 부족한 공간에서는 웃자람이 심해지고 수형이 망가집니다.

올리브나무를 구매하는 분들 가운데 종종 올리브 열매를 수확할 수 있는지 문의하는 경우가 있습니다. 결론부터 말하자면 실내에서 기를 경우, 유실수에 꽃이 피고 열매가 달리기를 기대하는 건 무리입니다. 꽃이 핀다고 해도 수정을 시킬 벌이 실내로 들어오기 힘들고, 품종에 따라 (한 그루 안에서 수정이 되는) 자가수정이 불가능한 경우가 많기 때문입니다. 게다가 올리브나무에 꽃이 피려면 최소 4~5년 이상을 기다려야 하고, 겨울철 저온을 겪어야 하기에 사계절이 온난한 실내에서는 꽃을 보기부터 어렵습니다.

올리브나무는 첫 번째 그룹 식물 가운데 적응력이 높은 편이다. 다만 실내에서 꽃을 피울 수는 있지만 열매는 기대하기 어렵다.

# 아카시아나무

아카시아나무는 호주가 원산지인 콩과 나무로 유려한 선과 다양한 형태의 잎, 그리고 노란색 꽃으로 인기가 많습니다. 하지만 실내에서 키우기 무척 어려운 식물이지요. 종종 응애가 생기고, 습도가 높을 때는 잎이 병해를 입기 쉽다는 점에서 어쩌면 유칼립투스보다 더 까다로운 식물이 아닌가 싶습니다. 공간이 있다면 장마철을 제외하고 봄부터 초겨울까지는 야외에서 관리하는 것을 추천합니다.

여기서 소개하는 아카시아나무는 우리나라 산에서 흔히 볼 수 있는 아까시나무(Robinia pseudoacacia)와는 다른 나무입니다. 아까시나무는 학명에서 보여지는 것처럼 'false(pseudo)' acacia 즉, 아카시아로 오인을 많이 받지만 분명 다른 집안 출신입니다. 아까시나무와 달리 열대 원산의 아카시아나무는 외부에서 월동이 불가능합니다.

말라 죽은 아카시아나무. 가드너스 와이프에 상담을 요청한 고객분이 보내온 사진이다. 구매한 곳에서는 실내에서 잘 크는 나무로 소개받았다고 한다.

## 무늬벵갈고무나무

많은 가드닝 책에서 무늬벵갈고무나무를 반음지 혹은 반양지 식물로 소개하고 있지만 실은 한여름 외부 땡볕 아래에서도 건강히 자랄 정도로 빛을 좋아하는 식물입니다.(68쪽 참조) 첫 번째 그룹에 속하는 다른 나무들처럼 무늬벵갈고무나무 역시 새로운 잎과 가지가 나오는 맹아력이 좋은 편인데, 이는 강한 햇빛에 적응하며 성장한 결과이기도 하지요. 실내의 어두운 공간에 잘못 두었다가는 웃자람을 목격할 수도 있습니다. 수형을 바꾸고 싶다면 5월에서 8월 사이 따뜻할 때 과감하게 가지를 치세요. 자른 부위 좌우로 작은 잎이 바글바글 올라와 1~2개월 내에 풍성한 수형으로 변신하는 것을 관찰할 수 있습니다. 가지를 잘랐을 때 '고무나무'라는 이름 그대로, 잘린 부위에서 흰 고무액이 나오는데 화장지로 닦아주는 게 좋습니다.

한편 가지를 자른 후 직사광선을 받을 수 있는 따뜻한 실외에서 새순을 받으면 잎을 빨리 회복시킬 수 있지만, 새순에 진딧물이 붙는 경우가 많아 살충제를 준비합니다. 진딧물의 피해를 입은 새순은 크면서 상처가 점점 커져 관상 가치가 떨어지게 됩니다. 새순이 펼쳐지고 잎이 두꺼워지기 시작하면 진딧물은 더 이상 오지 않으니 초기에만 신경 써주세요. 빛이 충분하지 않은 공간이라면 무늬벵갈고무나무 대신 무늬가 없는 무지벵갈고무나무 혹은 떡갈잎고무나무를 선택하는 게 좋습니다. 참고로 이 책에서 분류한 다섯 가지 그룹을 기준으로 무지벵갈고무나무는 세 번째 그룹에, 떡갈잎고무나무는 다섯 번째 그룹에 속합니다.

강한 가지치기 후 4주만에 몰라보게 변신한 무늬벵갈고무나무

그룹2 하루 6시간 이상 충분한 빛+통풍 불량+적절한 물 주기 불가능

✱ 식물 상담 ∨

## 다육성 유포르비아

유포르비아는 우리나라에서 유통되는 식물 중 제법 큰 비중을 차지하는 대중적인 식물입니다. 아프리카 남부가 원산지로, 전부는 아니지만 상당수가 다육식물이고, 줄기에 상처를 내면 미세한 독성이 있는 흰 액이 흘러나옵니다. 어린시절 할머니가 꽃기린이나 청화각 같은 유포르비아를 키우셨던 것을 기억하는데, 그만큼 우리나라에 들어온 지 꽤 오랜 세월이 지난 식물이라고 할 수 있습니다.

유포르비아 중 500여 종은 가시를 가지고 있어 그중 상당수가 외형적으로 선인장과 구분이 쉽지 않습니다. 가장 쉬운 구별법은 가시를 살짝 누르거나 잎을 따보는 것인데, 유포르비아는 상처가 생기면 특유의 흰 액이 나오는 걸 볼 수 있습니다.

유포르비아는 두 번째 그룹에 속하는 만큼 햇빛을 좋아하고 건조에 강하며, 1년에 2~3배로 클 만큼 성장속도가 매우 빠릅니다. 실내 공간에 높이의 제한이 있다면 선택에 신중을 기하는 게 좋습니다. 대부분 영상 5도 이상에서 월동하지만 겨울철 저온다습(낮은 온도에서 물을 주는 경우)으로 발생할 수 있는 무름병을 예방하려면 실내 기온을 10도 이상으로 유지하는 게 좋습니다.

유포르비아 상처에서 흘러나오는 흰 액

1 초코리프, 2 알루아우디, 3 핑크고스트, 4 티루칼리

식물상담 ⌄

유포르비아의 성장 속도. 왼쪽이 2019년 1월의 모습, 오른쪽이 2021년 8월의 모습

## 선인장, 다육식물의 철화

철화는 생장점에 변이가 일어난 모습이 닭의 벼슬(crest)을 닮았다고 해서 '크리스타타(cristata)'라고 불리는 돌연변이 식물입니다. 주름 가득한 모습이 다소 기괴해 보이기도 하지만 개체 하나 하나가 다른 형태로 자라고 어떻게 변할지 예측할 수 없는 매력이 있기도 합니다.

주로 위로 성장하는 생장점이 막혀 옆으로 퍼지는 특성 때문에 키가 많이 크지 않아 철화를 즐기는 데는 공간적인 제약이 거의 없습니다. 단, 철화가 풀려 정상적인 잎이나 줄기가 나오는 경우 새로 나오는 부분이 빨리 자라 철화 본연의 특이한 모습이 사라지기도 합니다.

철화가 일어난 식물들은 성장 속도가 무척 느리기 때문에 다른 선인장과 접목하여 키우는 경우가 많습니다. 선인장이나 다육식물 위에 철화로 변한 식물을 붙이는 방법인데, 이때 아래에 위치하는 식물을 '대목'이라고 합니다. 대목으로 사용된 식물이 만들어내는 양분을 이용해 철화의 성장 속도를 높이는 원리이지요. 한때 밍크선인장 철화를 귀면각선인장에 접목한 화분이 큰 인기를 끌기도 했습니다. 철화뿐 아니라 노랗게 무늬가 생기는 금(錦, variegata) 형태의 선인장이나 다육식물을 접목한 사례 역시 쉽게 찾아볼 수 있습니다.

> **TIP 접목 선인장 및 다육식물을 키울 때 주의할 점**
>
> 접목 선인장은 성장이 빠르지만 접목 부위가 물러져서 죽거나 대목의 건강 상태에 크게 영향을 받는다는 약점이 있다. 대목을 흙 속에 묻어서 심은 경우, 대목이 썩어서 결국 개체가 죽는 경우도 있으니 접목 선인장을 키울 경우에는 흙 속에 숨어 있는 대목 상태를 확인하는 게 좋다.

다육식물인 대화서각(Stapelia grandiflora) 철화와 청산호(Euphorbia alluaudii) 철화. 두 화분 모두에서 관찰되듯이 철화는 종종 부분적으로 풀리는 경우가 있다.

귀면각선인장 대목에 밍크선인장 철화를 접목한 모습

# 괴근식물(Caudex)

아프리카, 중남미, 중동, 일부 동남아시아 출신의 다육식물 중 줄기와 뿌리가 특이한 형태로 팽창하는 식물이 있는데, 이들은 목본, 즉 나무 종류입니다. 파키포디움, 아데니움, 디오스코레아, 스테파니아 등의 식물이 대표적으로, 덩이줄기나 뿌리가 특이하고 다양한 형태를 띠기 때문에 매니아층을 형성하고 있기도 하지요. 현지에서 더 이상 반출이 되지 않는 일부 희귀한 품종은 수집 대상이 되기도 합니다.

특히 스테파니아류는 '못 먹는 감자'라는 별명으로 불리며 많은 인기를 끌고 있는데 가드너스와이프의 시그니처 절구 화분과 잘 어울려 덕분에 매출에 큰 도움을 받기도 했습니다.

실내온도가 떨어지는 겨울철이 되면 잎과 줄기가 사라지고 괴근만 남아 휴면을 한다.

넝쿨을 만드는 스테파니아 세파란타. 실내 온도가 15도 이하로 떨어지면 지상부(잎, 줄기)가 마르고 휴면에 들어간다.

아프리카 마다가스카르 출신의 괴근식물 아데니아 페리에리. 무늬 있는 잎 역시 매력적이다.

**그룹3** 하루 3~6시간의 빛+통풍 원활+적절한 물 주기 가능

식물 상담 ∨

# 베고니아

멋진 잎과 꽃을 가진 남미 출신 베고니아는 오랫동안 가드너들의 사랑을 받아왔습니다. 그만큼 전 세계적으로 품종 개발이 끊임없이 이루어져 매년 새로운 품종이 소개되고 있기도 합니다.

베고니아 중에서도 목베고니아와 근경베고니아는 실내에서도 잘 자랍니다. 잎에 다양한 무늬가 있어 강한 빛이 필요할 것 같지만 4천~1만 럭스 정도에서도 잘 크고, 반음지에 적응하는 품종도 있습니다. 특히 목베고니아 중 일부는 가드닝 초보자도 무리없이 키울 수 있을 정도로 관리가 쉽습니다. 그러나 같은 목베고니아 중에서도 화려한 무늬를 가지고 있는 경우와 근경베고니아는 1만~2만 럭스 정도의 좀 더 강한 빛을 필요로 하는 경우가 있으니 식물 선택 시 유의하시기 바랍니다.

## 베고니아의 천적, 곰팡이

비교적 키우기 쉬운 베고니아라 할지라도 방심하면 찾아오는 불청객이 있는데, 바로 곰팡이병입니다. 주로 큰 일교차나 16도 이하의 저온, 낮은 습도가 원인이 되어 발생합니다. 세균성반점병, 흰가루병(177쪽 참조), 잿빛곰팡이병, 뿌리썩음병 등이 대표적으로, 한번 발생하면 확산 속도가 빠르기 때문에 사전에 예방하는 것이 최선입니다. 특히 뿌리썩음병은 회복이 힘든 경우가 많습니다.

1 반양지에서도 무난히 자라는 베고니아들. 2 베고니아 마큘라타. 3 키가 커지는 목베고니아는 부담스러운 높이가 되기 전에 잘라내어 키를 조절할 필요가 있다. 4 목베고니아와 달리 땅을 기면서 자라는 근경베고니아

식물 상담

### TIP 베고니아의 병해를 예방하는 방법

∨ 60~80퍼센트 정도의 습도를 유지한다
∨ 화분들 사이 간격을 유지하고, 병이 생긴 개체는 즉시 격리 후 살균제를 살포한다.
∨ 잎에 털이 많은 베고니아는 물을 분무하지 않는다.
∨ 물을 줄 때 잎에 물이 닿지 않도록 한다.(저면관수 추천)
∨ 토양이 충분히 건조해지고 나서 물을 준다.
∨ 비를 맞았거나 잎에 분무를 한 경우, 서큘레이터를 이용해 간접풍으로 잎을 말려준다.
∨ 실내 온도는 16~24도 이상, 조도는 최저 4천 럭스에서 최대 1~2만 럭스 사이를 유지한다.
∨ 살균제를 구비하고 사용법을 숙지한다.
∨ 병이 생긴 개체는 병반이 생긴 잎을 제거하고 잎과 줄기 사이사이에 살균제를 살포한다.

목베고니아에 생긴 흰가루병(좌). 뿌리썩음병에 걸린 근경베고니아(중)가 하루만에 무너졌다(우).

## 필로덴드론

2020년 전후의 실내 가드닝은 필로덴드론의 시대라고 부를 수 있을 정도로 필로덴드론속의 다양한 식물들이 주목을 받았습니다. 특히 2020년 전후로 바나나 농가에 치명적인 피해를 줄 수 있다는 이유로 전 세계적인 수출입 제한 조치 대상이 된 기주식물에 천남성과의 필로덴드론, 몬스테라, 안스리움 등이 포함되자, 오히려 세간의 관심이 더 커졌습니다.

필로덴드론속 식물들

### 필로덴드론의 인기에는 이유가 있다

사실 필로덴드론은 오래 전부터 국내 가드닝 시장과 함께해왔습니다. 넝쿨식물의 특성상 위나 옆으로 퍼지는 줄기 형태, 큰 잎, 그리고 겨울철 저온에 취약한 부분 때문에 유통 과정에서 표준화하거나 관리하는 것이 어렵다는 이유로 주목을 받지 못했을 뿐이지요. 그러던 필로덴드론이 수입 제한으로 품귀 현상을 빚게 되자 새롭게 조명을 받고 그사이 새롭게 등장한 품종들이 소개되면서 인기는 계속 이어지고 있습니다.

### 빛이 필요한 넝쿨식물

세 번째 그룹에 속하는 필로덴드론은 반양지에 적합한 식물입니다. 식물이 넝쿨을 만들어 무언가를 타고 올라간다는 것은 그만큼 빛이 필요하기 때문입니다. 반음지 이하의 환경에서는 마디가 길어지는 웃자람 현상이 나타나고 잎도 제대로 발달하지 못합니다. 필로덴드론은 나무를 타고 올라가는 종류와 땅을 기는 종류로 나뉘는데, 타고 올라가는 품종은 지지대를 필요로 하고 땅을 기는 품종은 가로로 긴 화분에 식재해주는 게 좋습니다.

필로덴드론 하스타텀(실버메탈)의 어른 잎과 어린 잎의 비교. 성체 잎이 되었을 때 확연히 달라지는 모습이 필로덴드론을 키우는 재미 중 하나이다.

다양한 잎모양과 무늬의 필로덴드론. 넝쿨식물이라 타고 올라갈 지지대나 땅을 기어갈 수 있게 하는 가로로 긴 형태의 화분이 필요하다.

옆으로 기는 필로덴드론을 가로로 긴 화분에 식재했다.

영국 런던 큐가든. 필로덴드론이 나무 상층부까지 타고 올라갔다.

# 싱고니움

필로덴드론과 마찬가지로 넝쿨식물인 싱고니움도 실내에서 키우기 쉬운 식물군에 속합니다. 필로덴드론과 달리 수입 제한 대상이 아니고, 다양한 품종이 있는 데다 번식도 쉬워 실내 식물 입문자에게 많이 권합니다.

처음에는 일반 관엽식물 초본처럼 자라다가 일정 기간이 지나면 기근이 달린 넝쿨이 생겨 위로 타고 올라가기 시작합니다.(아래 사진 참조) 이 때 지주를 세워주거나 기근을 잘라줘 개체를 늘릴 수 있습니다.(넝쿨을 이용한 번식법은 160~161쪽 참조)

하얀색, 분홍색, 연녹색, 붉은색 등 다양한 색상을 뽐내는 싱고니움. 돌연변이 무늬를 가지고 있지만 반양지나 빛이 다소 부족한 공간에서도 무늬 발현이 된다(웃자랄 수는 있다).

## 안스리움

안스리움은 붉은색, 분홍색, 흰색의 꽃을 피우는데, 꽃이 제법 오래 가기 때문에 과거 개업이나 승진 선물로도 많이 활용되었습니다. 필로덴드론의 인기에 힘입어 덩달아 주목을 받은 데다, 꽃보다 매력적인 잎을 지닌 품종이 조명을 받으면서 매니아층을 형성하고 있습니다.

안스리움에서 꽃처럼 보이는 것은 사실은 꽃을 싸고 있는 포엽(보자기)으로, 중간에 막대처럼 보이는 것이 진짜 꽃이다.

잎을 관상하는 안스리움들. 안스리움 크리스탈리넘, 리갈레, 클라리너비움. 안스리움은 작은 식물이 아니다. 가장 큰 안스리움 리갈레조차 어른 잎이 되려면 아직 멀었다.

식물 상담

필로덴드론은 넝쿨식물로 땅에 뿌리를 내리는 식물이라 일반적인 원예용상토로 식재하면 되지만, 안스리움은 나무에 붙어사는 착생식물입니다.(착생식물의 특징은 99~103쪽 참조)

사진처럼 난과 식물과 비슷한 우동 뿌리를 보면 그 차이가 명확합니다. 안스리움의 뿌리는 물을 빨리 흡수하는 구조로 되어 있어 화분에 식재할 경우 배수가 잘 되어야 하기에 난석, 바크 비중을 50퍼센트 이상 높여서 분갈이 합니다.

꽃을 보는 품종들에 비해 잎을 관상하는 안스리움(품종)들은 국내에 소개된 지 오래되지 않았고 필로덴드론, 싱고니움, 몬스테라에 비해 성장 속도가 느리고 관리가 상대적으로 어렵습니다. 처음 접하는 분들은 상대적으로 관리가 용이한 품종부터 시작하는 것을 추천합니다.

착생식물인 난 뿌리(좌)와 안스리움 뿌리(우)는 얼핏 보면 구분이 안 될 만큼 닮았다.

**그룹4** 하루 3~6시간의 빛+통풍 불량+적절한 물 주기 불가능

# 립살리스류

### 착생식물과 선인장의 강인함을 고루 갖춘 립살리스

립살리스는 건조지역 출신의 식물을 설명할 때 이미 한 차례 다룬 적이 있습니다.(92~94쪽 참조) 선인장이지만 아열대성 기후에 적응한 착생식물인 립살리스는 실내에서 막강한 생명력을 자랑합니다. 립살리스로 불리는 식물로는 립살리스 외에도 하티오라, 레피스미움, 수도립살리스, 에피필룸 등이 있는데, 주로 남미 출신의 착생선인장인 이들은 각기 다른 속에 속하지만 속명, 종명 모두 이름이 어려워 가장 널리 유통되고 있는 '립살리스'로 통칭됩니다.

가드너스와이프의 행잉 화분에 담긴 립살리스

### 립살리스류를 심는 방법

착생선인장은 보통 바크에 식재된 채 수입됩니다. 나무에 붙어사는 착생식물의 특성에 맞춘 것이지요. 그렇다고 꼭 바크에만 식재할 필요는 없습니다. 원예용상토에 배수가 잘 되는 세척마사, 펄라이트, 난석을 충분히 넣어 혼합해도 문제없이 잘 자라며, 수태나 난석만 있는 환경에서도 잘 적응합니다. 착생선인장의 생존 능력은 예상을 뛰어넘습니다.

### 립살리스류의 관리 방법

립살리스류는 일반적인 가시가 있는 선인장과 달리 상대적으로 넓은 범위의 조도에서 잘 자랍니다. 양지와 반양지를 가리지 않기 때문에 베란다뿐 아니라 밝은 거실에서도 잘 적응합니다. 그리고 착생할 대상이 없을 경우 길게 늘어지는 습성이 있다 보니 일반 기둥선인장과 달리 다소 웃자라도 관상 가치가 떨어지지 않습니다. 일반적인 관엽식물보다 추위에 강한 편이라 월동온도는 선인장과 유사하게 5~10도 정도입니다. 물은 다른 선인장이나 다육식물과 마찬가지로 줄기가 쭈글쭈글해질 때 듬뿍 주면 됩니다. 선인장류에서 주로 나타나는 깍지벌레와 같은 해충이 가끔씩 발견됩니다.(해결 방법은 171쪽 참조)

> **TIP 행잉 화분과 립살리스의 궁합**
>
> 립살리스류 식물은 행잉 화분과 잘 어울린다. 아이비나 고사리류처럼 잎이 얇은 식물을 행잉으로 키울 경우, 깜빡하고 물을 주지 않은 사이에 식물이 말라 죽는 일이 종종 일어나지만, 립살리스는 1~2개월 물을 주지 않아도 잘 버티기 때문이다. 행잉 화분에 배수구가 없는 경우에는 물을 주고 10~20분 후 남은 물을 따라낸다. 물 주기에 익숙하지 않다면 화분 표면으로 물이 증발하는 토분을 이용하는 것도 좋다. 부패를 막기 위해 유기물이 없는 수태나 난석 같은 식재용토를 사용하는 것도 좋다(마사토는 행잉 화분에 담기에는 무겁다).

# 호야

호야는 국내에 소개된 지 오래된 식물 중 하나입니다. 호야를 길러본 경험이 있는 분들은 공통적으로 크게 관심을 주지도 않았는데 별과 같이 예쁜 꽃이 피더라는 이야기를 합니다. 그만큼 생명력이 강하고, 키우기 쉽다는 장점 덕분에 호야속 식물은 넓은 저변을 자랑합니다. 네 번째 그룹에 속하는 만큼 밝은 곳을 좋아하고 건조에 강한 호야는 행잉 식물로도 무척 매력적입니다. 특히 품종별로 잎 모양이 개성 있게 다르고, 형태는 비슷하나 저마다 다른 색상의 꽃이 피기 때문에 다양한 호야를 수집하는 재미가 있습니다.

예쁜 꽃을 피우는 호야 와이티

1 리본처럼 꼬인 모양이 특징인 리본 호야. 2 커다란 잎이 매력적인 호야 마크로필라 바리에가타. 3 거미를 닮아 호야 스파이더라고도 불리는 호야 레투사

## 페페로미아

페페라고 불리는 남미 원산의 페페로미아는 가드너스와이프에서 초보 자분들에게 가장 많이 권하는 식물군 중 하나입니다. 국내에서만 20여 종 이상의 다양한 페페가 유통되고 있고, 반양지에서 건조한 환경을 유지한다면 키우기 그리 어려운 식물도 아닙니다. 페페의 잎은 비교적 작고 두툼한데 이는 건조에 강하다는 뜻이고, 그 작은 잎이 두껍게 코팅되지 않는 것을 보면 너무 강한 빛에는 탈 수도 있다는 걸 알 수 있습니다. 단, 같은 페페로미아라도 무늬가 있거나 색상이 화려한 품종은 그렇지 않은 것들보다 좀 더 많은 빛을 주어야 예쁘게 감상할 수 있습니다.

페페로미아에는 나무처럼 직립하는 종류도 있고, 카펫처럼 촘촘하게 땅을 덮는 종류도 있고, 사방으로 줄기를 뻗는 종류도 있습니다. 번식 또한 용이해서 잎꽂이, 꺾꽂이뿐 아니라 모체 옆에 올라오는 새로운 촉을 나눌 수도 있습니다(분촉). 빛이 부족하면 웃자람이 생기지만 비교적 어두운 공간에서도 잘 버팁니다. 꽃이 피긴 하지만 모양이 화려하지 않아서 꽃처럼 보이지는 않습니다. 씨앗을 받기가 쉽지 않고, 꽃대가 올라오면 잎의 성장에 방해가 되므로 제거하는 게 좋습니다.

물방울 페페(좌)와 나폴리나이트 페페(우)에 꽃이 피었다.

페페로미아는 수박 페페, 물방울 페페, 아몬드 페페, 청 페페, 홍 페페 등 잎 모양에 따라 직관적으로 붙인 이름으로 불린다.

## 그룹5 부족한 빛 조건+관리 가능

식물 상담

# 떡갈잎고무나무

떡갈잎고무나무는 고무나무 중에서 실내 적응력이 가장 뛰어납니다. 넓고 진한 녹색의 잎은 실내 음지 적응력이 뛰어나다는 의미입니다.(68쪽 참조) 게다가 드물게 보이는 솜깍지벌레 외에는 해충 피해도 적은 편입니다. 다섯 번째 그룹에 해당하는 환경에서 떡갈잎고무나무를 기를 경우 굵은 외목대의 나무를 선택하고 봄에 가지치기로 수형 관리를 해주세요. 아마 아주 오랜 시간 실내 공간을 환하게 밝혀주는 좋은 동반자가 되어줄 것입니다.

떡갈잎고무나무는 새순이 나올 때 습도 관리가 안 되거나 응애 등 해충의 공격을 받으면 갈색 반점이 생기는 경우가 있다. 수시로 분무를 해주면 어느 정도 예방이 가능하다.

# 몬스테라

천남성과의 몬스테라는 30종 정도의 품종이 있으며, 그중 델리시오사, 아단소니 정도가 가장 많이 알려져 있습니다. 델리시오사종이 워낙 크게 자라다 보니 원예용으로 사이즈를 다소 작게 개량한 게 보르시지아나종입니다. 시중에서 '알보 몬스테라'로 불리는 것들은 대부분 작게 개량한 품종에서 흰색 무늬가 발생한 돌연변이 무늬종입니다.

몬스테라는 필로덴드론이나 싱고니움과 마찬가지로 넝쿨식물로 기근이 발생하는데, 이를 화분 속으로 유인해 지지대로 삼을 수도 있고, 식물이 점점 커서 개체를 나눌 때, 기근이 달린 마디를 이용해 번식을 하면 1~2개월 안에 작은 몬스테라를 하나 더 만들 수 있습니다.

오른쪽 사진 맨 왼쪽에 있는 식물은 몬스테라가 아니라 '라피도포라'라는 식물로, 몬스테라와는 다른 집안이지만 시중에서 '히메 몬스테라(히메는 귀족 여성을 뜻하는 일본어)'라고 불립니다. 생장 습성은 몬스테라와 거의 유사합니다. 몬스테라는 어린 유묘가 다소 기괴한 거대식물로 변하기까지 오랜 시간이 걸리지 않으므로 처음부터 너무 큰 화분을 들이는 것보다 중소 사이즈에서 시작하는 걸 추천합니다.

몬스테라 델리시오사. 연한 녹색으로 나온 새순은 시간이 지남에 따라 점차 두꺼워지고 진한 녹색을 띈다.

히메 몬스테라라고 불리는 라피도포라(좌), 몬스테라 아단소니(우)와 무늬종(중)

## 스킨답서스

스킨답서스는 실내 식물 중 가장 잘 자라고 관리가 쉬운 식물 중 하나입니다. 넝쿨성으로, 길게 뻗는 특성이 있습니다. 사실 스킨답서스는 에피프레넘과 구분이 쉽지 않아 혼동되는 경우가 있는데, 다행히 이 비슷한 두 식물은 자라는 형태와 관리법이 거의 같아서 구분을 하는 것이 큰 의미가 없습니다.

무늬가 강한 품종들은 빛이 부족할 때 무늬가 급속히 사라지는 경우가 있으니 주의합니다. 10도 이상에서 겨울을 나며 식물체 내에 약간의 독성이 있어서 해충이 잘 꼬이지 않는 장점은 있으나 반려동물이나 유아들에겐 다소 주의가 필요합니다(맹독은 아니지만 주의해서 나쁠 것은 없지요).

일반적인 스킨답서스가 식상하다면 특이한 무늬를 가진 엔젤 스킨답서스나 다른 무늬가 있는 스킨답서스를 시도해보는 것도 좋다.

왼쪽부터 에피프레넘 세부블루, 에피프레넘 마블퀸, 엔젤 스킨답서스(엑조티카), 엔조이스킨으로 불리는 에피프레넘. 이처럼 스킨답서스로 알고 있는 식물이 에피프레넘인 경우가 생각보다 많다.

## 좋은 식물 고르는 법

가드닝을 하며 당황스러운 순간은 다양한 책을 읽고 공부를 하면서 어느 정도 식물에 대한 지식을 쌓았음에도, 내 맘에 꼭 드는 식물을 만나면 그간 배운 것을 잊어버리고 앞뒤 따지지 않고 지갑을 여는 나를 발견할 때입니다. 식물의 특성이니, 환경적 제약이니 하는 말들은 잊어버리고 고삐가 풀리는 것이지요.

마찬가지로 이 책에서 '좋은 식물 고르는 법'을 아무리 설명한다고 해도, 바로 피부에 와닿지 않을 것이라는 점을 잘 알고 있습니다. 그럼에도 여러 번 강조해도 지나치지 않은 원칙이라 생각하기에 이 책에서 소개합니다.

### 1. 선이 좋은 식물은 웃자란 식물일 수도 있다

몇 년 전부터 '선이 좋은', '수형이 좋은' 식물을 찾는 분들이 늘었습니다. 그분들이 원하는 것은 잎은 최소한으로 있고, 줄기 라인이 심플하게 돋보이는 식물입니다. 무심한 듯 툭 던져놓은 미니멀함을 찾는 것이지요.

그런데 길고 유려한 줄기에 잎이 몇 장만 붙어있는 식물이 과연 건강할까요? 그 라인을 만들기 위해 인위적으로 웃자라게 한 건 아닌지, 광합성을 하고 양분을 모아야 하는 잎을 인위적으로 떼어낸 건 아닌지 생각해봐야 합니다. 당장 보기 좋은 것보다 수개월, 수년 후에도 멋지고 건강한 모습을 하고 있는 식물을 선택하면 좋겠습니다.

식물에서 잎은 양분을 만들어내는 공장이다. 잎이 많을수록 공장도 원활하게 돌아간다. 식물이 잘 자라는지 여부와 상관없이 당장 보기 좋은 것에만 집중한다면, 그 식물과 오랜 관계를 맺기 힘들 수도 있다.

### 2. 줄기는 하나, 외목대를 선택하자

같은 종류의 식물이라고 해도 한 화분 안에 다른 개체를 심으면 자연스럽게 서로 경쟁하게 됩니다. 빛을 향한 경쟁, 양분을 가져가기 위한 싸움이 벌어지는 것이지요. 그 과정에서 서로 먼저 빛을 차지하겠다고 위로 길어지고, 겹치는 부분의 잎은 떨어져 보기에도 안쓰러운 모습이 되어갑니다. 약한 개체는 죽을 수도 있고요. 이를 예방하려면 식물을 구매할 때 잎만 보지 말고 줄기가 하나인지 꼭 확인하도록 하세요. 줄기가 튼튼하고 굵다면 금상첨화입니다.

한 화분에 여러 개체를 심은 떡갈잎고무나무. 이런 경우 줄기는 얇아지고 키만 크는 불상사가 일어난다.

## 3. 초보자라면 접붙인 나무는 피하자

그럼 무조건 목대가 하나로 굵은 나무를 사면 되는 걸까요? '접목'이라는 가드닝 기술이 있습니다. 주로 과실수나 분재에서 사용하지만 시중에서 판매하는 관엽식물 가운데 접목한 나무를 종종 만나기도 합니다.

같은 속 식물들은 줄기끼리 붙여서 형성층을 맞추면 조직이 융합되어 서로 다른 종을 하나로 만들 수 있는데, 관엽식물의 경우 상대적으로 성장이 느린 무늬종 식물의 가지를 무늬 없는 같은 속 나무 몸통(대목)에 붙이는 기술을 사용하는 경우가 많습니다.

접목한 나무도 가지치기를 통해 수형을 바로잡을 수 있지만, 접목의 원리를 잘 모르는 데다 가지치기에 대한 지식이나 경험이 없는 초보자라면 처음부터 접붙인 나무는 선택하지 않는 것이 좋습니다. 관리가 서툴면 접목된 부위의 상처가 더 도드라져 보일 수 있으니까요.(접목 선인장 및 다육식물을 키울 때 유의사항은 202쪽 참조)

다소 거칠게 접목된 무늬벵갈고무나무. 접목한 줄기가 짧았을 때는 접붙인 부위가 잘 안 보이지만, 시간이 지나 접붙인 가지가 길어지고 웃자람까지 더해지면 접목 부위가 그대로 노출된다.

### 4. 잎과 줄기, 토양, 그리고 병충해를 확인하자

아무리 멋지고 특이한 식물이라 해도 그 식물에 해충이나 질병이 있다면 식물을 들이는 게 오히려 스트레스가 될 수 있습니다. 식물을 구매할 때는 반드시 잎과 줄기, 특히 새순과 줄기의 건강상태를 잘 살펴봐야 합니다.

특히 분재처럼 자연 속에서 자라던 나무를 가져와 심거나 노지에서 재배하다 바로 화분으로 옮긴 경우 토양에 살던 다양한 곤충이 식물과 함께 딸려오는고 합니다. 곤충은 해충과는 다르지만 가드닝 초보자에게는 큰 시련일 수 있지요.

나에게 직접 해충과 질병을 관리할 수 있는 능력이 있다면 문제가 없지만, 그렇지 않다면 이미 병충해 관리가 어느 정도 되어 있는 식물을 구매하는 것이 좋습니다. 그리고 병충해 발생 시 도움을 받을 수 있으니 되도록 전문가가 운영하는 가드닝숍을 이용할 것을 권합니다.

🌿 에필로그

✽ 식물 상담 ⌄

식물이 건강하게 잘 자라려면 빛, 물, 온도, 습도, 바람이 필요합니다. 이 모든 조건을 충족하는 공간에서 식물을 기르는 게 가장 이상적이지요. 그런데 의외로 최고의 환경에서도 식물이 시름시름 앓는 경우를 자주 발견합니다. 이 책의 처음부터 끝까지 저는 식물이 자라는 '환경'의 중요성을 강조했습니다. 그런데 그 환경을 만드는 것은 식물을 기르는 '사람'이라는 것을 깨닫는 것이 중요합니다. 마음과 달리 식물과 함께하는 삶이 좀처럼 쉽게 느껴지지 않는다면 다음을 꼭 기억해주세요.

### 1. 식물의 속도에 맞춰주세요

반려동물과 달리 식물은 천천히 자라고, 여러분의 손길에 느리게 반응합니다. 어떻게 보면 답답할 수도 있지요. 내가 키우는 식물이 어서 빨리 자라 내 공간을 싱그러운 녹색으로 가득 채워주었으면 하는 마음이 들 겁니다. 하지만 식물과 함께하는 시간은 생각보다 많은 인내심을 요합니다. 오늘 준 비료의 효과를 내일 당장 기대하기 힘들지요. 그래도 성장에 한계가 있는 동물과 달리 식물의 성장은 느리지만 계속된다는 것을 기억해주세요. 무한한 성장이 주는 기쁨을 누리기 위해서라도 우리는 먼저 식물의 속도에 익숙해져야 합니다.

### 2. 식물이 원하는 것이 무엇인지 늘 관찰하세요

식물은 성장 과정에서 새 흙과 양분, 더 큰 화분, 잎을 따주고 가지치기를 하는 등의 노력을 우리에게 요구합니다. 고향(원산지)에서 건강하게 잘 자라던 식물을 머나먼 이국으로 데려와 우리 집, 우리 사무실이라는 열악한 환경에서 키우는 인간은 그들에게 고향에 온 것 같은 느낌을 만들어줘야 할 최소한의 책임이 있습니다.

### 3. 식물은 생로병사를 겪는 생명체입니다

무탈하고 건강하게 잘 자라면 좋겠지만, 식물도 살아 있는 생명체이기에 때로 열악한 환경에 약해지기도 하고 벌레와 균들의 공격을 받기도 합니다. 그러면 처음 들여올 때 예뻤던 모습은 어느새 사라지고 없지요. 반려동물이 아프면 동물병원에 가서 주사를 맞히고 약을 먹이듯, 반려식물과 함께하는 삶에도 비슷한 노력이 들어갑니다. 질병을 치료하기 위해 약을 뿌리거나 해충 피해를 막기 위해 벌레를 잡는 등의 수고 같은 것들 말이지요. 단순히 보기 좋은 모습만을 바란다면 식물과 함께하는 삶을 다시 생각해보았으면 합니다.

### 4. 내가 키울 수 있는 식물의 개수에는 한계가 있습니다

가드너스와이프를 찾아와서 인생 첫 가드닝을 경험하려는 고객분들에게 항상 신신당부하듯 하는 말이 있습니다. 우리 가게에서 식물을 많이 안 사도 좋으니, 한두 개부터 시작해 차츰차츰 개수를 늘려가라는 부탁이지요.

오랫동안 식물과 함께 동고동락을 하다 보면 몇 안 되던 식물이 어느 순간 몸집을 키우고 숫자가 늘어나는 걸 경험하게 될 때가 옵니다. 느리지만 끝없이 자라는 식물의 특성 때문입니다. 내 공간을 식물로 가득 채우고 싶은 욕심에 처음부터 너무 많은 식물을 들여놓으면 점점 더 늘어나는 식물을 관리하느라 스트레스로 가득 찬 나를 발견하게 될지도 모릅니다.

**5. 경험은 시간에 비례합니다**

느린 듯하지만 어느새 자라 있는 식물의 삶처럼, 식물과 함께하는 삶 역시 천천히 축적되는 나날들입니다. 살아 있는 모든 것은 변수를 안고 있습니다. 아무리 좋은 책을 읽고, 그 내용을 완전히 소화한다고 해도 실제 식물을 기르는 일은 전혀 다른 문제인 경우가 많지요. 책은 일반론을 넘어서지 못하기에 어디까지나 참고가 될 뿐입니다. 여러분은 이제 책을 떠나 식물과 만나야 합니다. 책에서 배운 이론을 토대로 최대한 많은, 다양한 경험을 쌓아보세요.

이것으로 가드너스와이프의 가드닝스쿨 베이직코스가 끝났습니다. 2018년 출간 제의를 받았지만 가드닝 업무부터 스쿨 운영, 그리고 화분 제작까지 현업에 치여 글쓰는 일을 차일피일 미루고 있었지요. 그러다 코로나로 인해 가드닝스쿨을 무한정 휴강하게 되면서 바쁜 삶에 틈이 생겼습니다. 다행인지 불행인지 책을 쓸 수 있는 시간이 생긴 것이지요. 코로나가 종식되어 다시 수강생들을 만나게 될 날이 너무 기다려지지만 오롯이 식물에 집중하며 책을 쓸 수 있었던, 2020년 여름부터 2021년 여름까지의 시간이 언젠가 그리울 것 같기도 합니다.

가드너스와이프를 운영하며 유튜브처럼 더 많은 분들을 만날 수 있는 채널을 활용해보라는 제안을 종종 받곤 했습니다. 아마도 영상은 이 책에 담긴 내용을 더 쉽게 설명할 수 있는 좋은 매체이겠지요. 하지만 여전히 활자화된 언어가 더 익숙하고 편한 걸 보면 저는 어쩔 수 없는 옛날 사람인 것 같습니다.

어린 시절 내 이름으로 된 책을 한 권 낼 수 있다면 소원이 없겠다라는 말을 달고 살았는데, 2012년 엄지영 대표와 함께 낸 『올 어바웃 플라워 숍』에 이어 두 번째 책을 내게 되니, 살면서 소원 하나는 확실히 이룬 것 같습니다. 2007년 서울 삼청동에서, 2009년부터 2017년까지 사간동에서, 그리고 2018년부터 현재까지 성북동과 인천 송도에서 '가드너스와이프'라는 이름으로 만나고 인사 나눈 소중한 인연들에 감사의 말을 전합니다.

## 감사의 글

나의 사랑하는 어머니와 누나들, 장모님, 그리고 하늘에 계신 두 아버님께 먼저 감사 인사드립니다.

가드너스와이프 전현직 스태프인 김보현, 김유연, 김수진, 배영미, 엄상용, 옥진희, 홍수정, 이분들이 있었기에 지금의 가드너스와이프가 있을 수 있었습니다. 이 책의 집필 초기부터 많은 의견과 힘을 준 민승기, 송초희, 다양한 식물과의 만남에 큰 도움을 주신 윤승용, 최원용, 황세원, 사진을 제공해주신 김경옥, 이재연, 이하나, 정은경 님 덕분에 책이 한층 풍성해졌습니다.

가드너스와이프의 성장 과정에 든든한 지원을 해주신 김정은 교수님, 김태원 대표님, 난사농원 두 대표님(노천호, 여난사), 박광우 대표님, 박영춘 대표님, 성승자 선생님, 양옥금 선생님, 안재복 선생님, 이병우 대표님, 이주연 대표님, 임미희 대표님, 임성훈 전무님, 장문형 선생님, 전철현 대표님, 홍정연 이사님, 한종훈 팀장님, 남성초등학교, 경남고등학교, 연세대학교 경영학과, SK상사 동기와 선후배님들에게 이 자리를 빌려 감사의 마음을 전합니다. 그리고 가드너스와이프 숍과 스쿨에서 고객으로, 수강생으로 만난 인연들, 매일 따뜻하게 인사 나누는 성북동 이웃분들에게 진심으로 감사의 말씀을 드립니다.

책의 방향을 지지해주고 급박한 일정에 주말과 저녁 시간까지 최선을 다해주신 북하우스 신원제 팀장님과 북하우스 김정순 대표님 이하 모든 임직원분들, 멋진 사진으로 창의적 감각을 담아준 시그니처그린 엄유라 대표님, 가드너스와이프의 든든한 파트너 정제두 대표님, 식물 재배 및 실험에 물심양면 큰 도움을 주신 (주)도성산업기계 이한우 대표님, 이상협 차장님, 플랜터스 식물등 사업부 주리아 기획MD님, 이분들의 도움으로 책이 무사히 나올 수 있었습니다.

마지막으로 가드너스와이프의 창립자이자, 가드너라는 불확실하던 나의 소중한 꿈을 현실로 가능하게 해준, 그리고 책의 방향을 고민할 때 늘 곁에서 중심을 잡아 준 엄지영, 나의 반쪽에게 진심으로 감사의 인사를 전합니다.

## 찾아보기

### ㄱ

가드너스와이프  6, 23, 38, 60, 101, 116, 129, 130, 135, 146, 149, 184, 194, 204, 219, 224, 238~242

가드닝  6, 7, 15, 16, 21~24, 38, 55, 60, 116, 118, 125, 131, 146, 169, 184, 196, 206, 211, 232, 234, 235, 238

   실내 가드닝  36, 124, 126, 128, 129, 135, 146, 175, 184, 210

   가드닝스쿨  6, 16, 23, 38, 43, 169, 239

가지치기  82, 188, 189, 197, 227, 234, 237

간접풍  27, 57, 209

감염  158, 164

거미(줄)  172, 175, 223

거실  18, 20, 21, 31, 87, 88, 109, 112, 220

건조지역  17, 61, 90, 96, 219

고무나무  68, 89, 111, 180, 196, 227

   떡갈잎고무나무  66, 68, 196, 227, 234

   무늬벵갈고무나무  68, 69, 196, 197, 235

   벵갈고무나무  68

고무망치  141

고사리(류)  89, 99, 176, 181, 220

고산식물  177

고산지대  61, 128, 147

고온건조  96

고온다습  60, 96, 187

곤충  73, 83, 138, 235

공기 정화  16, 22, 31, 180

곰팡이(병)  56, 57, 81, 127, 131, 174, 207

과습  43, 44, 77, 80, 103, 109, 130, 137, 147, 148

관엽식물  16, 20, 33, 34, 56, 72, 74, 76, 77, 99, 105, 111, 123, 127, 128, 130, 137, 147, 153, 157, 162, 177, 180, 214, 220, 234

광합성(탄소동화작용)  21, 31, 34, 39, 41, 56, 66, 72, 75, 106, 113, 170

괴근식물  204, 205

   디오스코레아  204

   아데니아 페리에리  205

   아데니움  204

   파키포디움  204

   스테파네아 (세파란타)  89, 204, 205

구갑룡  45

국화과  176

극락조  77, 89

기공  52, 56, 180

기근(공기뿌리)  61, 135, 157, 160~162, 179, 214, 228

깍지벌레  27, 170, 171, 173, 179~181, 220, 227

갈색깍지벌레(개각충) 171, 179
꺾꽂이 131, 157, 158, 160, 162, 164, 165, 166, 224
꽃눈 109, 112, 115
꽃바깥꿀샘 180
꽃샘추위 88
꿀방울 180
끈끈이 트랩 170, 174

## ㄴ

나무 막대(어묵꽂이) 46, 47
나에게 어울리는 식물 찾기 184, 185
나침반(앱) 32
난대기후 108
난석(혼합난석) 103, 126, 127, 130, 131, 139, 149, 217, 220
넝쿨식물 161, 127, 157, 160~162, 179, 211, 212, 214, 217, 228
뉴질랜드 127, 187, 190
님 오일 170

## ㄷ

다년생 84
다육식물 34, 44, 45, 47, 49, 66, 70, 71, 89~92, 94~97, 103, 123, 128, 137, 165, 166, 177, 199, 202~204, 220, 235
세덤 165
에케베리아 90, 165
원산지 지도 90
전용 용토 95, 128
카랑코에 165
크라슐라 165
다육식물을 기를 때 주의해야 할 점 95

대목 202, 203, 234
대화서각 203
덩이줄기 204
데이비드 애튼버러 16, 17
덴드로비움 99, 103
독성 31, 61, 82, 169, 178, 199
동양란 103, 127
동해 20, 178, 192
드라세나 89, 111

## ㄹ

라디에이터 88
라벤더 70, 80, 81, 84, 85, 89
라이프스타일 184
라피도포라(히메 몬스테라) 161, 228
란타나 173
럭스(조도) 32~34, 82, 90, 106, 115, 207, 209
렌즈 효과 52
리코포디움(석송) 99, 100
린네 117, 118
린네박물관 118
립살리스 89, 90, 92, 94, 99, 101, 219, 220
립살리스류 92~94, 219, 220
레피스미움 219
수도립살리스 76, 92, 219
에피필룸 92, 99, 219
하티오라 92, 219

## ㅁ

마그네슘(Mg) 151
마란타과 73
마사토(세척마사) 51, 95, 125, 126, 130,

131, 137, 139, 143, 220

망간(Mn)　151

맹아력　196

목본　61, 157, 204

몬스테라　66, 74, 89, 111, 116, 117, 160, 217, 228, 229

　몬스테라 델리시오사　116, 117, 228

　몬스테라 아단소니　228, 229

　알보 몬스테라　74, 228

무늬마삭줄　75

무늬종　56, 72, 73, 89, 228, 229, 234

무름병　83, 96, 97, 177, 178

무비상토　131

문진표　22

물 주기 방법　50~52

물 주는 시기를 판단하는 방법　46~49

물꽂이　131, 162, 163

미니 심비디움　103

미니 온실　56, 142, 159, 161, 167

미세먼지　57

미온수　50

민달팽이　83, 176

밀샘　180

반하　37

방풍막　88

배수　26, 50, 51, 61, 82, 95, 103, 125~130, 138, 147, 149, 217, 220

　배수망　138

　배수용토　61, 95, 125, 126, 129~131, 137

　배수층　43, 126, 127, 139, 142

백분　70, 71, 187, 188

버미큘라이트　125, 126, 131

버섯　178, 179

번식　17, 111, 113, 131, 157, 164, 169, 170, 181, 214, 224, 228

　다육식물의 꺾꽂이와 잎꽂이　165, 166

　실내 넝쿨식물의 꺾꽂이　160, 161

　실내 식물의 꺾꽂이(삽목)　158, 159

　실내 초본 식물의 잎꽂이　164, 165

　포기나누기(분주)　167

벌레　20, 82, 124, 179, 181, 238

베고니아　89, 109, 110, 177, 207~209

　근경베고니아　164, 207~209

　렉스베고니아　164

　목베고니아　162, 164, 207~209

　베고니아 신밧드　163

베란다　15, 18, 20, 21, 34, 36, 87, 88, 90, 108, 109, 112, 115, 136

## ㅂ

바람　20, 31, 43, 57, 79, 80, 82, 89, 237

바크　101, 103, 124, 125, 127, 217, 220

박쥐란　99, 100

반려 식물　21, 238

반양지　32~34, 115, 165, 196, 208, 211, 215, 220, 224

반음지　32~34, 142, 167, 183, 191, 196, 207, 210

반입(돌연변이 무늬)　72, 74, 215, 228

벤젠　31

병반　209

병충해　36, 125, 169, 180, 235

　병해　57, 177~179, 187, 209

부엽토　103

분갈이　43, 50, 51, 61, 99, 122, 130, 135, 136, 139, 141, 142, 148, 149, 151, 154, 176, 187, 188, 217

　몸살　136, 142, 145, 155

흙  51, 61, 95, 99, 124, 128~130
**분갈이 하는 법**  138~145
**분재**  16, 17, 20, 125, 190, 234, 235
**분촉**  224
**붕소(B)**  151
**블루스타펀**  99
**비닐**  88, 141, 145, 155, 161, 167
**비료**  126, 128, 131, 136, 151~155, 158, 237
  꽃보기식물용  153
  액체 비료  152, 154
  앰플형 활력제  152
  유기질 비료  152
  입자형 비료  152
  잎보기식물용  153
  코팅 비료  152, 153
**빛(햇빛)**  18, 20, 21, 26, 27, 31~41, 43, 44, 46, 52, 55, 58, 61, 66, 68, 69, 71, 73, 75, 76, 79, 80, 82, 84, 90, 91, 94~97, 101, 103, 106, 109, 112, 115, 142, 143, 147, 151, 160, 161, 166, 184, 185, 188, 190, 192, 196, 199, 207, 211, 215, 224, 230, 233, 237
**뿌리**  26, 43, 44, 51, 57, 61, 65, 71, 77, 99, 103, 130, 135~137, 140~145, 148, 149, 151, 154, 155, 157~163, 167, 171, 174, 191, 204, 217
**뿌리썩음병**  96, 177, 178, 207, 209
**뿌리파리**  174

## ㅅ

**산세베리아**  88, 164
**산톨리나**  70
**살균**  125, 127, 178
**살균제**  96, 174, 177, 178, 209
**살비제**  172
**살충제**  172, 176, 177, 196
**삽목**  126, 131, 157~162, 164
**삽수**  159, 162
**새순**  44, 45, 48, 75, 76, 89, 94, 97, 151, 155, 161, 164, 170, 171, 173, 188, 196, 227, 228, 235
**서양란**  34, 98, 103, 113, 127, 175
**서큘레이터**  21, 27, 57, 82, 209
**선인장**  16, 34, 42, 44, 47, 49, 66, 74, 89~92, 94~97, 99, 128, 165, 177, 199, 202, 203, 218, 220
  구형선인장  91
  귀면각선인장  203
  기둥선인장  91, 220
  밍크선인장  202, 203
  부채선인장  91
  원산지 지도  90
  지생선인장  95
  착생선인장  91, 92, 218, 220
**선풍기**  21, 27, 57
**성체**  211
**성충**  170, 171, 174, 175
**세균성반점병**  207
**세네시오속**  70, 71, 90
  엔젤윙스  70
  은월  70, 71
**세포벽**  172
**셀프 체크 리스트**  26
**소포라**  81, 89, 190
**속(genus)**  61, 87, 116
**속성수**  187
**솎아주기**  82, 188
**수국**  89, 131
**수정**  113, 157, 192

수태   101, 103, 124, 125, 127, 161, 164, 220
수형   16, 80, 97, 189, 190, 192, 196, 227, 232, 234
스마트폰   32, 33
스킨답서스   89, 161, 230, 231
　엔젤 스킨답서스   230, 231
스티로폼   149
스파티필름   89, 167
습도   21, 26, 44, 55~58, 61, 71, 81, 90, 91, 94, 96, 109, 142, 159, 161, 167, 184, 185, 194, 207, 209, 227, 237
식물 노트 만들기   60, 61
식물 분류법   116~118
식물생장등   21, 34, 36~41, 82, 112, 184
　스펙트럼   39
『식물의 사생활』   17, 18
식재용토(양)   103, 127, 137, 142~144, 220
식해성 해충   174
실내 공간   17, 19, 21, 31~33, 35, 46, 55, 56, 87, 89, 94, 102, 105, 106, 147, 160, 185, 188, 192, 199, 227
실내 식물   22, 27, 34, 38, 54, 56, 68, 81, 88, 116, 129, 131, 153, 157, 158, 162, 167, 169, 172, 176, 214, 230
실내 온도   87, 153, 205, 209
싱고니움   60, 61, 80, 89, 111, 135, 160, 214, 215, 217, 228

ㅇ

이가베(속)   90, 113, 114
아글라오네마   89, 167
아까시나무   194
아나나스류   89, 99, 112, 113

에크메아   89, 112
아스파라거스   77, 89
　움벨라투스   77
(아)열대(지역/기후)   17, 55, 56, 87, 89, 91, 94, 99, 109, 111, 112, 125, 147, 160, 164, 219
아카시아   70, 89, 107, 194, 195
아파트   18, 31, 34, 39, 87, 109
아프리카   55, 90, 94, 109, 111, 199, 204, 205
안스리움   80, 89, 99, 210, 216, 217
안토시아닌   73, 75
알로카시아   56, 89, 172
알코올   158
에스토니   190
야자류   179
양분   21, 31, 68, 84, 113, 115, 126, 130, 161, 202, 232, 233, 237
양지   32, 34, 115, 220
양치식물   111, 181
에피프레넘   160, 231
　마블퀸   231
　세부블루   231
열대(지역/기후)   55, 56, 61, 87, 99, 111, 125, 147, 160, 164, 194
열매   117, 126, 151, 192, 193
엽록소   72, 73, 75
엽면시비   154
영양 번식   157
오세아니아   44, 187
온대(지역/기후)   87, 108, 109, 112
온실가루이   83, 170, 173
올리브나무   49, 89, 188, 190, 192, 193
와송   94
외목대   188, 227, 233

용설란 113, 114
웃자람 20, 36, 37, 97, 196, 211, 224, 235
워터스페이스 143, 144
원산지 17, 27, 44, 55, 58, 61, 65, 87, 91, 96, 106, 109, 111, 129, 160, 182, 187, 190, 192, 194, 199, 237
원예용 삽 141
원예용상토 61, 95, 123, 124~132, 139, 151, 220
원예용상토를 구성하는 흙의 종류 126, 127
월동온도 27, 61, 87~89, 220
월마 81
유인제 176
유지 기간 153, 154
유충 171, 174, 175
유칼립투스 70, 89, 172, 177, 187~189, 194
　구니 187
　베이비블루 187
　파블로 187
　폴리안 187, 188
유포르비아(속) 35, 90, 173, 199, 201
은행잎 170
음지 32, 34, 35, 73, 130, 227
응애 27, 57, 170, 172, 175, 194, 227
이끼 51, 99, 125, 127
이명법 117
이차 병해 170, 171, 173
인(P) 131, 151
일교차 75, 76, 207
일년생 84
일액현상 56
일조량 82, 109
잎꽂이 127, 157, 164, 165, 166, 224

잎맥 164

## ㅈ

자가수정 192
자구(offset) 91, 166
자동관수기 21
자스민 89, 177
작약 177
장마철 178, 194
장미 177
재배종(Cv.) 157
저면관수(법) 50, 51, 77, 209
저온다습 177, 187, 199
저울 47, 48
저장조직 77, 90, 101, 103
적정 온도 61, 87
전용 약제 172
전자파 16, 22
절대 양지 34
절대 음지 34
점액질 176
접란(나비란) 77
접목 202, 203, 234, 235
정아(apical bud) 188
제라늄 70, 82, 89, 109
조도 26, 32, 33, 34, 41, 55, 60, 94, 209, 220
　조도계 21, 32, 33, 46, 55
좋은 식물 고르는 법 232~235
줄기 35, 47~49, 60, 64, 68, 71, 72, 77, 79, 82~84, 94~97, 103, 130, 136, 151, 153, 157~162, 165, 166, 171, 172, 179, 188, 190, 191, 199, 202~205, 209, 211, 220, 224, 232~235

줄기무름병　83, 177, 178
증산 (작용/활동)　26, 43, 57, 70, 136, 152, 145, 159
지렁이　51
진딧물　27, 170, 171, 173, 174, 181, 196
질소(N)　106, 113, 126, 131, 151, 153

ㅊ

착생난과 지생난의 차이　103
착생식물　61, 99, 101, 103, 112, 125, 127, 217, 218
천남성과　61, 116, 210, 228
천연성분 약제　181
천적　72, 73, 96, 207
철(Fe)　131, 151
철화　202, 203
청벌레　83
초본　157, 162, 164, 167, 214
총채벌레　83, 175
측아(lateral bud)　188
친환경 농약　83
침엽수　66, 67

ㅋ

칼라데아　73, 88, 167, 172
　　마코야나　77
칼라디움　88, 172
칼륨(K)　131, 151
칼슘(Ca)　151
코로키아　81, 190
코코넛야자　126, 132
코코칩　124
코코피트　130, 132, 147

콜로카시아　89, 172
콩과　194
큐가든　81, 85, 212
크테난테 아마그리스　73, 76

ㅌ

탄소(C)　106
탄질율　106
토양　61, 82, 95, 103, 124~131, 136~143, 147, 158, 159, 161, 162, 164, 165, 174, 209, 235
톨루엔　31
통풍　18, 20, 26, 27, 43, 57, 58, 61, 81, 82, 137, 147, 182, 183, 188
투명비닐 밀폐법　145, 155
틸란드시아　89, 99, 100, 112, 113

ㅍ

팽압　48
퍼라이트　124, 126, 130, 131, 137, 220
페페로미아(페페)　89, 164, 165, 167, 177, 224, 225
펠리오니아 리펜스　117, 160
평균기온　87
포도당　151, 170, 171
포름알데히드　31
포인세티아　89, 173
포자　178, 179, 181
폴리네시아　187
표적 해충　181
플랜디스 식물등　40, 41
피마자 추출물　170
피트모스　125, 126, 130, 132, 147

피트펠렛 159, 160, 162, 164
PPFD 34, 41
필로덴드론(속) 41, 76, 80, 87, 135, 160, 180, 210~212, 214, 216, 217, 228
   비페니폴리움 163
   소디로이 41
   실버메탈 211
   카라멜마블 74, 180

## ㅎ

학명 60, 68, 116, 117, 157, 194
합식 84, 95, 190
   합식된 나무를 분리하는 법 190, 191
해충 27, 51, 57, 82, 83, 96, 155, 169, 170, 172, 174, 179~181, 220, 227, 230, 235, 238
행잉 식물 101, 103, 222
행잉 화분 92, 101, 219, 220
허브 16, 27, 78, 82~84, 173, 176, 177
   램스이어 82
   로즈마리 70, 79~85, 89
   루콜라 83
   민트 82~85, 89, 173
   바질 82~84, 89
   배초향 173
   세이지 83, 84, 173
호야 88, 99, 160, 178, 222, 234
   레투사 223
   리본 호야 223
   마크로필라 바리에가타 223
   와이티 222
호접난에서 꽃을 보는 방법 115
화분 16, 26, 31, 36, 43, 46~48, 50~52, 61, 77, 84, 88, 89, 92, 95, 101, 103, 106, 109, 112, 123, 126, 129, 130, 135~144, 146~149, 151, 154, 160, 162, 163, 168, 174~176, 178, 179, 190, 202, 204, 209, 211, 212, 217, 219, 220, 228, 233, 235, 237, 239
   경질 플라스틱 140
   금속 147
   도자기(세라믹) 141, 147
   목재 147
   연질 플라스틱 140
   토분(테라코타) 141
화산암 124, 126
화상 34, 41, 52, 76
화아분화기 112
화장토 143
황금비율 128
훈탄 178
휘커스 66, 68, 180
   델토이데아 180
   리라타 68
   알티시마 68
   움베르타 180
휴면기 45, 95, 96
흡즙성 해충 170, 180
흰가루병 81, 83, 177, 207, 209

책과 관련된 더 많은 정보를 원하시면 아래 사이트를 활용해주세요

〈가드너스와이프〉 홈페이지(성북동 본점/인천 송도점)

www.gardenerswife.com

〈가드너스와이프〉 인스타그램

플라워 @gardenerswife_jiyoungeom
가드닝 @gardenerswife_sejongkang
가드너스와이프 화분 @gardenerswife_pot
인천 송도점 @gardenerswife_incheon

〈가드너스와이프〉 온라인 구매처

〈가드너스와이프〉 숍 인스타그램 @gardenerswife_shop
시그니처그린(〈가드너스와이프〉 화분 온라인 취급점)
smartstore.naver.com/signature-green

### 사진 출처

19, 28, 92쪽 ⓒ 이하나(@murhome_\_)
40, 41쪽 ⓒ 플랜터스(@plantus.official)
104쪽 ⓒ 김경옥(@haminkko)
108쪽, 221쪽(좌측 상단), 222쪽 ⓒ 이재연(@focus_on_green)

**식물 상담**
ⓒ 2021 강세종

| | |
|---|---|
| 1판 1쇄 | 2021년 11월 26일 |
| 1판 4쇄 | 2023년 8월 4일 |

| | |
|---|---|
| 지은이 | 강세종 |
| 펴낸이 | 김정순 |
| 편집 | 신원제 허정은 허영수 |
| 디자인 | 프롬디자인(@fromdesign_studio) |
| 사진 | 엄유라 |
| 일러스트 | 김파카(@kimpaca_works) |
| 마케팅 | 이보민 양혜림 정지수 |
| 펴낸곳 | (주)북하우스 퍼블리셔스 |
| 출판등록 | 1997년 9월 23일 제406-2003-055호 |
| 주소 | 04043 서울시 마포구 양화로 12길 16-9(서교동 북앤빌딩) |
| 전자우편 | editor@bookhouse.co.kr |
| 홈페이지 | www.bookhouse.co.kr |
| 전화번호 | 02-3144-3123 |
| 팩스 | 02-3144-3121 |
| ISBN | 979-11-6405-146-5 13520 |